GÜTERSLOHER
VERLAGSHAUS

Gütersloher Verlagshaus. Dem Leben vertrauen

Meinem Vater zum Dank
Meiner Mutter zum Andenken

»Wer's nicht einfach und klar sagen kann,
der soll schweigen und weiterarbeiten,
bis er's einfach sagen kann.«

SIR KARL RAIMUND POPPER

Markus Reiter

DIE
PHRASEN-
DRESCHER

Wie unsere Eliten uns
sprachlich verblöden

Gütersloher Verlagshaus

Bibliografische Information der Deutschen Nationalbibliothek
Die Deutsche Nationalbibliothek verzeichnet diese Publikation in der
Deutschen Nationalbibliografie; detaillierte bibliografische Daten sind im
Internet über http://dnb.d-nb.de abrufbar.

1. Auflage
Copyright © 2007 by Gütersloher Verlagshaus, Gütersloh,
in der Verlagsgruppe Random House GmbH, München

Umschlaggestaltung: schwecke.mueller Werbeagentur GmbH,
München
Umschlagmotiv: © getty images
Satz: PER Medien+Marketing GmbH, Braunschweig
Druck und Einband: Těšínská Tiskárna AG, Český Těšín
Printed in Czech Republic
ISBN 978-3-579-06977-7

www.gtvh.de

Inhalt

Die Phrasendrescher sind überall

Vielleicht haben Sie diesen Werbespot schon einmal im Fernsehen gesehen: Einige Hausfrauen kaufen in der Obstabteilung eines Supermarktes ein. Sie legen frische Erdbeeren, Äpfel und Ananas in ihren Einkaufswagen. Plötzlich springt eine weitere Hausfrau ins Bild. Sie hält einen Becher Joghurt in der Hand und mahnt die anderen Frauen aufgeregt: »Lasst doch dieses frische Obst! Ich hab' was viel Besseres!« Alle probieren den Joghurt. »Mmmh«, rufen sie und »lecker!« Schnell legen die drei Frauen das frische Obst in die Auslage zurück. Stattdessen kommt der Joghurt in den Einkaufswagen. Zuckersüß und voller Aromastoffe.

Irgendwann werden die Familien dieser Hausfrauen vergessen haben, wie frisches Obst schmeckt. Sie werden sich an die Künstlichkeit des Joghurtgeschmacks gewöhnt haben.

Es handelt sich nicht nur um einen Werbespot. Die Wirklichkeit hat uns längst eingeholt. Ich möchte Ihnen dazu erzählen, was mir mein Freund Tim über seine Neffen berichtet hat. Tims Neffen war damals so etwa 15, 16 Jahre alt. Eines Tages machte sich ihre Großmutter die Arbeit, frischen Kartoffelbrei zuzubereiten. Mit Milch und gekochten Kartoffeln, die durch eine Presse gedrückt werden. So, wie das früher immer gemacht wurde. Als die Neffen Omas Kartoffelbrei probierten, verzogen sie das Gesicht und meckerten: »Der schmeckt ja gar nicht wie Kartoffelbrei!« Natürlich schmeckte es wie Kartoffelbrei, aber eben wie richtiger, nicht wie der künstliche, der mit Pulver aus der Tüte hergestellt wird. Der Geschmack von Tims Neffen war durch die Gewöhnung an das Synthetische bereits so degeneriert, dass sie den falschen Kartoffelbrei für authentischer hielten als den echten.

Genau so geht es unserer Sprache! Das Deutsch der Phrasendrescher hat sich bereits so tief in unseren Alltag gefressen, dass viele den Mund verziehen, wenn sie klare, verständliche Worte hören.

Ich gebe nun seit mehr als zehn Jahren Schreibseminare. Dabei treffe ich immer wieder auf Teilnehmer, denen es sehr schwerfällt, sich klar und verständlich auszudrücken. Immer, wenn sie etwas schreiben sollen, verfallen sie in ein schrecklich »verschwurbeltes« Deutsch. Ihnen ist das Phrasendeutsch in Fleisch und Blut übergegangen. Vielen Politikern geht es ebenso. Ich erinnere mich, dass ich einmal einen Abend mit einem Staatssekretär bei einem Gläschen Wein zusammensaß. Eigentlich sollte es eine gemütliche Runde werden. Ich war nicht als Journalist da, sodass der Politiker nichts befürchten musste. Dennoch antwortete der Mann selbst auf die simpelsten Fragen mit wohlklingenden Allgemeinplätzen. Er wollte sich einfach nicht festlegen. Vermutlich konnte er es nicht – er hatte es verlernt.

In meinen Seminaren stelle ich fest, dass es vielen Teilnehmern leichter fällt, einen einfachen Satz sehr kompliziert auszudrücken als einen aufgeblähten Satz in Klardeutsch zu übersetzen. So gebe ich hin und wieder die Aufgabe, den Satz »Ich gehe zum Bäcker und kaufe mir ein Brötchen, weil ich Hunger habe« so kompliziert wie möglich zu formulieren. Das Ergebnis ist meistens beeindruckend. Von »käuflich erwerben« ist da die Rede, vom »Backwareneinzelhändler«, von »saturieren« und »Kleinbackwerk«.

Es gibt immer ein oder zwei Teilnehmer, die sich bei mir entschuldigen und sagen, ihnen sei leider nichts

Kompliziertes eingefallen. Diese Menschen können sich glücklich schätzen! Sie sind noch nicht verdorben von der Phrasendreschindustrie. So wie wir uns über Hausfrauen freuen sollten, die lieber auf dem Wochenmarkt frische Erdbeeren kaufen statt Erdbeerjoghurt vom Discounter, so sollten wir dankbar sein für jene, die einen geraden deutschen Satz schreiben statt hohler Imponiersätze.

Dieses Buch ist ein Aufschrei: Die Phrasendrescher sind unter uns! Ich will Ihnen zeigen, wo überall diese Nebelwerfer am Werk sind. Wie sie sich in den Leib der Sprache fressen und dort Gelage abhalten. Wie Politiker und Wissenschaftler, Feuilletonisten und PR-Fachleute, vor allem aber die Brut der Marketingexperten unseren Kopf täglich mit Nichtigkeiten und Unsinn vollstopfen. Wie sie sich breit machen mit ihrem leeren Gebrabbel und uns daran zu hindern wollen, hinter ihre pompösen Wortfassaden zu blicken.

Die Phrasendrescher versuchen, uns unsere klare, verständliche Sprache zu entreißen und uns stattdessen zu zwingen, ihre zuckersüßen, künstlichen Phrasen zu benutzen. Sie wollen, dass wir eines Tages vergessen, wie sich klares Deutsch anhört. Ihr Ziel ist es, dass wir nur noch ein Surrogat schreiben und sprechen, weil wir gar nicht mehr wissen, wie sich das Original einmal anhörte.

Ist es Ihnen nicht auch schon mal so ergangen, dass Sie einen Text gelesen haben, zum Beispiel einen Werbeprospekt, einen Brief von der Marketingabteilung eines Unternehmens, bei dem Sie Kunde sind, oder einen Zeitungsartikel, und sich dabei dachten: Das liest sich ja alles sehr imposant. Aber was soll mir das sagen? Mir geht es sehr oft so, und ich will auf den folgenden Seiten noch zahlreiche Beispiele dafür bringen.

Einer meiner liebsten Sätze, an denen sich das ganze Ausmaß des Elends ermessen lässt, ist der folgende. Ich habe ihn wörtlich im Kommunikationskonzept einer deutschen Direktbank gefunden: »Zur Penetration klar definierter Kernthemen muss eine integrierte Kommunikation aller zur Verfügung stehenden Kommunikationsinstrumente im Sinne einer Orchestrierung hin zu unseren Zielgruppen erfolgen.«

Hunderte von Teilnehmern in meinen Seminaren haben sich an diesem Satz schon die Zähne ausgebissen. Ich habe noch keinen getroffen, der ihn auf Anhieb verstanden hätte. Die meisten mussten ihn zwei- oder dreimal lesen. So ging es mir selbst auch. Ich habe danach versucht, ihn in ein klares Deutsch zu übertragen. Lassen Sie es uns einmal gemeinsam probieren.

Zunächst fragen wir uns, um was es geht. Offenbar sollen »klar definierte Kernthemen« penetriert werden. Da wir nicht annehmen, dass jemand auf die Idee käme, unklar definierte Kernthemen zu penetrieren, reicht es zu sagen: »Unsere Kernthemen sollen penetriert werden.« Aus »Kernthemen«, einem sperrigen Wort, kann man ohne Probleme »wichtige Themen« machen. Penetrieren versteht vermutlich nicht jeder, es heißt auf Deutsch: immer wieder klarmachen, einhämmern, einbläuen. So deutlich würde man das in einem Kommunikationskonzept vermutlich nicht schreiben. Sagen wir also lieber: »Wir wollen den Zielgruppen unsere wichtigsten Themen gut vermitteln.« Was ist dazu nun notwendig? »Eine integrierte Kommunikation aller zur Verfügung stehenden Kommunikationsinstrumente im Sinne einer Orchestrierung.« Orchestrierung bedeutet in der Musikwissenschaft, ein Werk, zum Beispiel eine Klaviersonate, für ein Orchester umzuschreiben. Diese Bedeutung wird der Autor des Satzes nicht im Sinn gehabt haben. Vermutlich meinte er, alles solle so schön wie in einem Orchester zusammenspielen.

Was soll da nun zusammenspielen? »Alle zur Verfügung stehenden Kommunikationsinstrumente.« Nun, die Kommunikationsinstrumente (was immer das sei), die nicht zur Verfügung stehen, können nicht zusammenspielen. Folglich ist die Ergänzung überflüssig. »Integrierte Kommunikation« ist eine Imponiervokabel der PR-Branche. Es sagt nicht mehr aus, als dass alles, was man tut, irgendwie zusammenpassen muss. Wenn wir solche Imponiervokabeln streichen, merkt es niemand, und es tut keinem weh. Also weg damit!

Was bleibt nun von dem Satz übrig? »Unsere wichtigsten Themen sollen bei den Zielgruppen gut ankommen, deshalb sollen alle Instrumente der Kommunikation zusammenwirken.« Das klingt noch etwas holprig. Also besser so: »Damit unsere wichtigsten Themen bei den Zielgruppen gut ankommen, müssen alle Instrumente der Kommunikation zusammenwirken.« Ich weiß nicht, wie es Ihnen geht, aber für eine so simple Aussage scheint mir der Aufwand des ursprünglichen Satzes reichlich übertrieben.

In diesem Buch geht es um Klarheit und Verständlichkeit in der Sprache. Ich kümmere mich nur am Rande um den richtigen Gebrauch der Grammatik. Es gibt einige sprachkritische Autoren, die dies seit geraumer Zeit mit großem Erfolg tun. Ihr Bemühen ist ehrenwert. Aber das Grauen ist viel schlimmer, als es diese Autoren glauben machen. Dem einen oder anderen Puristen mag ein Schauer über den Rücken laufen ob eines falsch gebrauchten

Adjektivs oder eines fehlenden Genetivs. Das sind jene, die in der Obstabteilung beklagen, es gäbe immer weniger Apfelsorten zu kaufen. Es geht mir auch nur am Rande um die populäre Klage, es gebe zu viele Anglizismen in der deutschen Sprache. Das entspricht jenen Leuten, die den Supermärkten vorwerfen, sie verkauften mehr Äpfel aus China als aus Brandenburg. Mir macht viel mehr Sorge, dass immer weniger Leute überhaupt Äpfel essen. Die meisten geben sich beim Obst mit Apfelgeschmacksstoffen in Nahrungsergänzungsmitteln zufrieden.

Bei der Sprache nehmen sie klaglos hin, dass ihnen ein Surrogat vorgesetzt wird, eine Scheinsprache. Das ist viel schlimmer als ein falscher Genetiv oder ein englischstämmiges Wort. Lassen Sie uns deshalb mit einem Akt der Befreiung beginnen:

Retten wir unsere Sprache vor den Phrasendreschern!

Wie der ganze Unsinn entstand

Sicherlich sprachen die Eliten und das Volk schon immer unterschiedlich. Das gilt für das Deutsche wie für andere Sprache. Das Englische zum Beispiel ist nicht zuletzt deshalb die Sprache mit dem größten Vokabular der Welt, weil es aus zwei Sprachen zusammengewachsen ist. Das Altenglische mischte sich mit dem frühen Französisch der normannischen Eroberer. Erst langsam flossen die Sprachen zusammen und entwickelten sich zum heutigen Englisch. Noch heute fällt auf, dass die Begriffe des gehobenen Sprachgebrauchs französischen Ursprungs, die Wörter des Alltags auf das Altenglische zurückgehen.

In Deutschland wurde die Sprache der Oberschichten lange Zeit durch Begriffe aus dem Latein und dem Altgriechischen geprägt. Latein war seit der Spätantike, nachdem es als Umgangssprache der Massen ausgestorben war, die *lingua franca* der europäischen Eliten; es wurde von Oxford bis Palermo von allen Gebildeten gesprochen. Studenten und Gelehrte konnten innerhalb Europas von einer Universität zur anderen, von einem Kloster zum nächsten wechseln. Stets vermochten sie sich am neuen Ort, zumindest mit anderen Gebildeten, auf Latein zu unterhalten. Doch handelte es sich bei ihnen nur um eine kleine Minderheit. Der Adel und die Ritter, also die politischen, wirtschaftlichen und militärischen Eliten, gehörten zumindest im frühen Mittelalter nicht zur Bildungsschicht. Vermutlich haben die meisten Landadeligen Latein genauso wenig beherrscht wie ihre bäuerischen Leibeigenen.

In der Neuzeit entwickelte sich eine deutsche Bildungssprache. Sie übernahm viele lateinische und altgriechische

Begriffe. Mit dem Aufstieg eines Bürgertums, das sich durch Bildung emanzipierte, gewann diese Bildungssprache an Bedeutung. Hinzu trat das Französische, die Sprache des Absolutismus wie der Aufklärung. Auf Französisch verständigten sich der europäische Hochadel ebenso wie die Enzyklopädisten. Als Prinzessin Sophie Auguste Friedrike von Anhalt-Zerbst, die spätere Katharina die Große, von ihrem kleinen Fürstenhof in Deutschland an den russischen Zarenhof kam, konnte sie zunächst kein Wort Russisch. Das war auch nicht nötig, denn am Hofe herrschte das Französische vor (Katharina lernte später Russisch, was ihr einigen Respekt eintrug). Ebenso wenig hatte Voltaire Probleme, mit Friedrich dem Großen Konversation zu betreiben. Der preußische König sprach Französisch besser als Deutsch.

Das aufstrebende Bürgertum orientierte sich an der europaweiten Umgangssprache des Adels. Französische Redewendungen und Fremdwörter dienten, wie zuvor die lateinischen und griechischen, der gesellschaftlichen Abgrenzung. Noch bei Theodor Fontane, Lew Tolstoi und Thomas Mann sprechen die Personen oft Französisch, um sich von den Ungebildeten und Machtlosen abzuheben. Man wollte nicht verstanden werden.

Im Salon und auf dem politischen Parkett kommunizierten Eliten untereinander. Verständlichkeit, jedenfalls für die Allgemeinheit, war kein erstrebenswertes Ziel. Figuren, die den Sprachstil der Eliten imitierten, ohne ihn zu beherrschen, wirkten lächerlich, wie noch die Kaufmannsgattin »Frau Stöhr« in Thomas Manns Roman »Der Zauberberg«.

Wer es sich erlauben konnte, vom gemeinen Volke nicht verstanden zu werden, drückte damit seine gesellschaftliche Überlegenheit aus. Die Unverständlichkeit war somit Zeichen eines elitären Staats- und Herrschaftsverständnisses. Wem es gleichgültig war, was der einfache Mann dachte, der machte sich keine Gedanken darüber, wie er sich ihm verständlich machen konnte.

Anders war das dort, wo für Überzeugungen im Volke geworben werden musste. Dort war auch früher schon die Sprache kraftvoll, anschaulich und allgemein verständlich. Das gilt für Martin Luther, seine Bibelübersetzung wie seine Pamphlete, ebenso wie für Karl Marx und Friedrich Engels im »Kommunistischen Manifest«, für Georg Büchners »Hessischen Landboten« und für einen patriotischen Dichter wie Ernst Moritz Arndt, der die Massen gegen Napoleon mobilisieren wollte.

Die Demokratisierung der Gesellschaften erforderte von den politischen und wirtschaftlichen Eliten eine verständliche Sprache. In Großbritannien und den USA, den demokratischen Vorreiterstaaten, hat sich deshalb eine Tradition verständlicher Diktion herausgebildet. Da es galt, ein möglichst breites Publikum anzusprechen, lernten Philosophen und Staatstheoretiker, sich klar auszudrücken. Sie wählten oft sogar erzählerische Formen für ihre Gesellschaftsmodelle: Thomas Morus schrieb sein »Utopia« als Roman, Jonathan Swift formulierte seine Gesellschaftskritik in »Gullivers Reisen« in Form einer Abenteuergeschichte.

Dem Deutschen Friedrich Wilhelm Hegel hingegen werden wenige vorwerfen, dass er sich in seiner Geschichtsphilosophie um Anschaulichkeit und Verständlichkeit bemüht habe. Und weder der Philosoph Martin Heidegger noch der Sozialtheoretiker Theodor W. Adorno sind dafür bekannt, besonders klar und eingängig formuliert zu haben.

Die Deutschen lebten lange in einem Obrigkeitsstaat, in dem die Herrschenden die freie Meinungsäußerung verboten. Für viele Denker war es unmöglich, ihre Ansichten offen zu formulieren. Sicherer war es, der Zensur möglicherweise nicht genehme Gedanken in einem Wald aus Wörtern und Floskeln zu verstecken. Daran gewöhnten sich die Intellektuellen mit der Zeit so sehr, dass sie schließlich alles, was nicht schwer verständlich war, für einfältig hielten. Das gilt besonders in der Mutter der Geisteswissenschaften, der Philosophie.

Neue Geisteswissenschaften wie Pädagogik und Linguistik sowie Sozialwissenschaften wie Politologie und Soziologie, die sich in jüngerer Zeit entwickelten, mussten um Anerkennung ringen. Ihren Minderwertigkeitskomplex verbargen sie nicht selten hinter einem pompösen Vokabular. Hierzu trug der Trend zur Verwissenschaftlichung seit den sechziger Jahren des letzten Jahrhunderts bei.

In den letzten Jahrzehnten entstanden moderne Professionen wie Betriebswirtschaft, Marketing und Public Relations. Sie litten gleichfalls unter einem Minderwertigkeitskomplex. Oft haben sie wissenschaftlich weit weniger zu bieten, als sie behaupten. Ein großer Teil ihres Inhaltes lässt sich auf altes Kaufmannshandwerk, gesunden Menschenverstand und etwas Psychologie zurückführen.

Andererseits müssen Marketingfachleute und PR-Manager ihre Existenzberechtigung beweisen, vor allem gegenüber jenen, die sie und ihre Dienstleistungen bezahlen. Durch eine abgeschottete und sich abschottende Fachsprache sichern sich diese Zünfte Exklusivität und verhindern, dass manche ihrer allzu platten Erkenntnisse auf Anhieb durchschaut werden.

Den Protagonisten dieser Professionen gelingt es auch nicht, die sprachliche Vernebelung ihrer Anliegen dann aufzugeben, wenn ihre Kommunikation sich nicht mehr an ihre Auftraggeber, sondern an die allgemeine Öffentlichkeit richtet. Sie bleiben gefangen im Käfig ihres Jargons. Und merken es nicht einmal!

Die Managementelite verhält sich wie der junge Mann, der zu seiner Freundin sagt: »Mich verbinden positive emotionale Beziehungsstrukturen mit dir. Ich mache deshalb einen positiven forecast für eine Fusion unserer Reallifes und ich will auch bei bad weather smooth mit dir umgehen!« Und der eigentlich meint: »Ich liebe dich! Ich will dich heiraten und mit dir durch dick und dünn gehen!«

Der Hang zum sprachlichen Vernebeln trifft zudem auf eine Erosion der Sprachkompetenz bei einem wachsenden Teil der Bevölkerung. Soziologen beobachten besorgt, dass ganze Schichten nicht mehr in der Lage sind, sich sprachlich kohärent auszudrücken. Der Zusammenbruch dieser Fähigkeit wird offenkundig in unreglementierten schriftlichen Äußerungen. Der Publizist Dieter E. Zimmer spricht von den Abgründen der »Privaten Spontanen Alltagsschriftsprache (PSA)«. Er hat eine kleine, nicht repräsentative Stichprobe aus privaten Internettexten, zum Beispiel Angeboten in der Auktionsplattform Ebay, gezogen. Das Resultat: In rund 1.000 Sätzen fand Zimmer 1.160 Fehler. Viele Sätze waren bis zur Unverstandlichkeit verstümmelt.

Das also ist der Kern des Problems: Während sich die Eliten zusehends im Labyrinth ihrer Phrasen verlieren, scheitern immer mehr Deutsche an den elementarsten schriftlichen Äußerungen. Diese immer größer werdende

Kluft hat schreckliche Folgen, auf die ich im nächsten Kapitel eingehen werde.

Die Folgen der Phrasendrescherei

Nun könnte man meinen: Wen kümmert's? Wer sich nicht klar ausdrücken kann, wird halt nicht verstanden. Die Leute hören ihm nicht zu. Er hat eben Pech gehabt. Aber so einfach ist es nicht. Die Verhunzer der deutschen Sprache richten nämlich erheblichen Schaden an. Sie sitzen wie Läuse im Fell des Affen und sorgen dafür, dass wir uns ständig kratzen müssen. Sie kauderwelschen in ihrem selbstverliebten Jargon und stehlen dem Rest des Volks die Zeit. Wir können den törichten Phrasendreschereien leider nicht entkommen. Wir stoßen überall auf sie: in Zeitungsartikeln, Marketingbotschaften, Betriebsanleitungen, Sitzungsprotokollen, Politikerreden, internen Anweisungen, Fachbüchern, im Internet und beim Einkaufen. Ein jeder klingelt mit seinen eigenen Wortschellen – und macht dabei nichts als Krach.

Damit wir uns nicht falsch verstehen: Ich bemühe mich, in diesem Buch Sprachkritik nicht aus altväterlicher Perspektive zu betreiben. Es geht mir nicht darum, über den Verfall der Sprache zu jammern. Ich verstehe Sprachkritik als aufklärerischen Akt in der Tradition – man erlaube mir die Anmaßung – von Gottfried Wilhelm Leibniz; als Aufruf im Sinne Kants, sich seines eigenen Verstandes zu bedienen. Wer hinter die Sprachfassaden blickt und dort nur zusammengekehrten Müll entdeckt, verliert den Respekt vor ihren Erbauern. Klares Deutsch erspart uns allen Kosten, Mühe und Ärger, denn der Schaden, den die Phrasendrechsler anrichten, ist vielfältig und gewaltig.

Genervte Leser

Bei meinen Verständlichkeitstrainings lege ich den Teilnehmern manchmal einen schwer verständlichen Text vor. Meist umfasst er nicht mehr als zwei Dutzend Zeilen. Ich bitte die Teilnehmer, ihn in klares und verständliches Deutsch zu übersetzen. Kaum haben die ersten angefangen, den Text zu lesen, erhebt sich ein Gemurmel. Der eine oder andere Teilnehmer fängt an zu fluchen oder macht mir Vorwürfe, dass ich ihn mit einem solchen Kauderwelsch belästige. Dabei handelt es sich um Texte aus der Praxis. Mit Ähnlichem werden wir täglich konfrontiert. Ich habe großes Verständnis für den Ärger meiner Teilnehmer, denn auch mir gehen solche Texte auf die Nerven.

Ich stelle mir vor, was im Alltag mit schriftlichen Äußerungen dieser Art geschieht. In den meisten Fällen ist nämlich niemand da, der einen dazu zwingt, sich den Sinn eines Textes zu erschließen. Dem Durchschnittsleser geht es vielmehr so wie mir: Wenn ich genervt bin, lese ich nicht weiter. Ich blättere um zur nächsten Seite oder ich lege das Buch oder die Zeitschrift beiseite. Darüber macht sich der Autor offenbar keine Gedanken. Manche Autoren merken vielleicht gar nicht, dass sie von vielen ihrer Leser nicht verstanden werden. Sie selbst wissen ja (hoffentlich!), was sie sagen wollen. Sie arbeiten nur nicht hart genug daran, es anderen in angemessener Weise mitzuteilen.

Zu Beginn meiner journalistischen Laufbahn bei einer Publikumszeitschrift hatte ich von einem Vorgesetzten einmal die Aufgabe bekommen, einen Artikel einer freien Mitarbeiterin zu prüfen. Ich sollte dem Vorgesetzten sagen, was ich von dem Beitrag halte und ihn, wenn nötig, an der einen oder anderen Stelle redigieren. Leider war der Artikel eine völlige Katastrophe. Ich verstand kein Wort von dem, was die Autorin mitteilen wollte. Ihre Gedanken kamen gänzlich ungeordnet daher, sie benutzte die falschen Begriffe und formulierte unsauber. Mit dem Selbstbewusstsein eines jungen Mannes spazierte ich also zu dem Vorgesetzten und sagte blank heraus: »Dieser Artikel ist Schrott. Ich verstehe kein Wort davon!«

Der Mann sah mich böse an und meinte gereizt: »Mäßigen Sie sich! Die Autorin kann sich halt nicht so gut ausdrücken.« Diese Äußerung habe ich nie vergessen. Die Geschichte ist über zehn Jahre her. Vielleicht würde ich heute meine Meinung weniger forsch verkünden. Vielleicht aber auch nicht, denn eines ist sicher: Die Entschuldigung meines damaligen Vorgesetzten ist haarsträubend! Stellen Sie sich vor, Sie kommen in ein Krankenhaus und müssen operiert werden. Sie liegen schon auf dem Operationstisch. Da beugt sich die Schwester zu Ihnen hinab und flüstert Ihnen zu: »Machen Sie sich keine Sorgen! Der Doktor ist ein ganz hervorragender Arzt. Er kann nur nicht so gut operieren.« Sie würden diesen Chirurgen wohl kaum an sich heranlassen.

Mit Autoren verhält es ähnlich: Sich verständlich auszudrücken gehört zu ihren Pflichten. Sie müssen so lange an einem Text arbeiten, bis er sein Ziel erreicht hat: verstanden zu werden.

Ich mache hier eine Ausnahme für Schriftsteller und ihre literarischen Werke. Die »Ulysses« von James Joyce oder die Werke von Arno Schmidt werden nicht deshalb geschätzt, weil sie so gut lesbar sind. Das sind sie mit Sicherheit nicht. Aber es handelt sich hier um Kunstwerke. Sie zu entschlüsseln ist Teil der Beschäftigung mit ihnen. Für viele Leser ist das ein befriedigender Prozess. Für viele andere allerdings auch nicht. Auf jeden Fall setzt man sich ihm freiwillig aus – zumindest wenn man dem Schulalter entwachsen ist.

Der amerikanische Schriftsteller Jonathan Franzen hat sich vor einigen Jahren in einem Essay in der Zeitschrift »New Yorker« mit den »schwierig zu lesenden Büchern der Postmoderne« auseinandergesetzt. Franzen selbst schreibt gut lesbare, anspruchsvolle Romane, die es in die Bestsellerlisten schaffen (»Die Korrekturen«, »Die 27ste Stadt«). Im Gegensatz dazu hat der Schriftsteller William Gaddis nur eine kleine Anhängerschaft. Franzen nennt ihn in seinem Essay »Mr. Difficult« (»Herr Schwierig«). Gaddis sei ein brillanter Autor, aber leider nur mit sehr viel Mühe zu verstehen. Er selbst habe einen ganzen Sommer benötigt, um ein Buch von Gaddis durchzulesen.

Es gibt Literaturkritiker, die behaupten, Bücher müssten heute so sein, weil die Moderne und Postmoderne so kompliziert sind. Ich hingegen teile Franzens Auffassung, dass Literatur sich durchaus um Lesbarkeit bemühen darf, ohne an Qualität einzubüßen. Aber ich will nicht allzu streng sein: Wer ein Buch von William Gaddis, James Joyce oder Thomas Pynchon zur Hand nimmt, weiß, auf was er sich einlässt.

Wer aber den Kulturteil seiner Zeitung aufschlägt, einen Brief seiner Krankenkasse oder die Informationen seiner Bank liest, der darf Klarheit erwarten – Postmoderne hin oder her. Jeder Text, in dem mir eine Information mitgeteilt wird, muss klar und verständlich sein! Ich erwarte von jedem Autor, dass er darum kämpft.

Der Philosoph Arthur Schopenhauer schreibt in seinem furiosen Pamphlet »Über die seit einigen Jahren methodisch betriebene Verhunzung der Deutschen Sprache«, das er zwischen 1852 und 1860 schrieb:»Man muß sparsam mit der Zeit, Anstrengung und Geduld des Lesers umgehen; dadurch wird man bei ihm sich den Kredit erhalten, dass, was dasteht, des aufmerksamen Lesens wert ist.« Und der bekannte Sprachkritiker Wolf Schneider hat einmal gesagt, einer müsse sich immer quälen: der Autor oder der Leser. Da der Autor etwas mitzuteilen hat, und er mit dem, was er mitzuteilen hat, den Leser belästigt, ist eigentlich klar: Quälen muss sich der Autor. Diese Forderung ist übrigens nicht auf Geschriebenes beschränkt. Auch wer redet, rede bitte klar und nachvollziehbar.

Verständnislosigkeit

Vor einiger Zeit schrieb ein Kollege von mir einen Artikel für die Mitarbeiterzeitschrift eines süddeutschen Konzerns. Dabei stieß er auf einen Fachbegriff, der ihm unklar war. Er meldete sich bei dem Abteilungsleiter und fragte, ob man diesen Begriff nicht erklären müsse.»Ach, Unsinn. Jeder hier im Werk versteht, was damit gemeint ist!«, antwortete ihm der Abteilungsleiter. Mein Kollege blieb skeptisch, dachte sich aber: Der Mann wird schon wissen, ob die Arbeiter in seinem Werk mit dem Wort etwas anfangen können. Kurz darauf ergab sich im Zusammenhang mit dem Artikel eine Frage, sodass mein Kollege bei der Sekretärin jenes Abteilungsleiters anrief. Um was es denn gehe, fragte ihn die Sekretärin. Ach, es handle sich um eine Angelegenheit, die mit … (hier folgte der besagte Fachbegriff) zu tun habe, entgegnete mein Kollege. »Kenne ich nicht. Was ist das denn?«, wollte die Sekretärin wissen.

Offenbar kannte also die eigene Sekretärin nicht jenen Fachbegriff, von dem der Abteilungsleiter ausging, dass ihn jeder im Werk verstehe.

Diese Situation ist typisch. Als Journalist bin ich oft Experten begegnet, bei deren Erklärungen ich kein Wort verstanden habe. Vier-, fünf-, sechsmal habe ich oft nachgefragt, bis mir klar wurde, was der Sprecher gemeint hat. Mehr als einmal ist es mir in meinen Seminaren passiert, dass ich einen Autor bat, mir zu erklären, was er mit einem bestimmten Satz ausdrücken wolle. Dann beugte sich der Schreiber über seinen Text, las ihn sorgfältig und geriet ins Schwitzen. »Wenn Sie mich so fragen: Das weiß ich auch nicht mehr!«, musste er zugeben. Wie soll ein Fremder verstehen, was der Autor selbst nicht entschlüsseln kann?

Während meiner Arbeit als Reporter für das Magazin »Reader's Digest« habe ich gelernt, so lange nachzufragen, bis ich komplizierte Dinge in einfachen Worten erklären konnte. Die Redaktionsregeln für Autoren *zwangen* mich, für »Reader's Digest« so verständlich wie möglich zu schreiben – ohne an Präzision einzubüßen. Dies gelang nur, wenn ich selbst verstanden hatte, um was es ging. Erst dann konnte ich nämlich die Sache in eigenen Worten wiedergeben. Ich erkannte, dass ein solches Vorgehen eine gute Übung in diszipliniertem Denken ist. Zuvor war ich als Journalist über einen Sachverhalt, der mir nicht ganz klar war, sprachlich hinweggeglitten. Es fand sich immer eine Formulierung, hinter der man verstecken konnte, dass man gar nicht vollständig verstanden hatte, um was es ging. Dass der Leser mit ebensolcher Verständnislosigkeit darauf reagierte: Sei's drum!

Heute weiß ich, wie recht Kurt Tucholsky hatte. Er

schrieb 1931: »Verwickelte Dinge kann man nicht simpel ausdrücken; aber man kann sie einfach ausdrücken. Dazu muß man sie freilich zu Ende gedacht haben.« Wenn ein Text also auf Unverständnis stößt, dann sollte der Autor nicht den Leser des Unverstandes bezichtigen. Er sollte sich hinsetzen und aus dem Marmorblock der Sprache den Sinn herausmeißeln.

Demotivierte Mitarbeiter

Vor einiger Zeit traf ich einen älteren Abteilungsleiter in einem ostdeutschen mittelständischen Unternehmen. Er war schon seit drei Jahrzehnten dort beschäftigt. Er hatte die DDR-Zeit durchgemacht und erlebt, wie sein Betrieb von einer westdeutschen Firma übernommen wurde. Als ich ihm erzählte, dass ich mich mit Phrasendrescherei und Managerkauderwelsch beschäftige, war er sofort Feuer und Flamme. »Als die neuen Eigentümer kamen, hat hier kein Mensch verstanden, was die gesagt haben«, berichtete er. »Ich saß in den Meetings, wie das ja heute heißt, und wusste nicht, was diese westdeutschen Manager mir vermitteln wollten. Das lag nicht an den Inhalten, sondern an der Sprache!« Er habe sich dann hingesetzt und die neue Managementsprache gelernt – so, wie man eine Fremdsprache lernt. Langsam ging ihm auf, worüber seine Westkollegen sprachen. Mehr als einmal wunderte sich mein Gesprächspartner, wie die neuen Führungskräfte hinter imposanten Formulierungen unspektakuläre Tatsachen versteckten.

So wie diesem Abteilungsleiter geht es in Deutschland vielen Arbeitnehmern. Sie verstehen schlichtweg nicht mehr, was ihre Chefs von ihnen wollen, weil sich die Manager eine Sprache angewöhnt haben, die nur noch Eingeweihte entschlüsseln können. Das führt dazu, dass viele nur noch bestimmte Schlüsselwörter wahrnehmen. Wenn die Geschäftsführung zum Beispiel von »Kosteneffizienz« spricht, dann hören die Arbeitnehmer »Entlassungen«. In vielen Fällen haben sie damit recht. In anderen Fällen geht es aber vielleicht wirklich nur darum, an bestimmten Stellen zu sparen.

Wenn die Mitarbeiter durch den sprachlichen Nebel nicht mehr durchblicken, fühlen sie sich alleingelassen und verängstigt. Das ist keine gute Grundlage, um mit Schwung seine Aufgaben zu erledigen. Managerkauderwelsch demotiviert die Mitarbeiter. Das ist besonders absurd, wenn man eigentlich vorhatte, Mitarbeiter zu motivieren. In vielen Unternehmen sind, nach US-amerikanischem Vorbild, so genannte »Visionen« oder »Leitbilder« eingeführt worden. Meiner Erfahrung nach sind solche Leitbilder in den meisten Fällen hohles Geschwätz. Niemand kann im Alltag etwas mit den sinnentleerten Phrasen anfangen, die in solchen Texten dominieren.

»Den Herausforderungen der Zukunft stellen wir uns frühzeitig durch Innovationen und Kreativität. Hierbei nutzen wir die Möglichkeiten der modernen Technologie verantwortungsbewusst im Interesse unserer Mitglieder, Kunden, Geschäftspartner und Mitarbeiter.« So steht es zum Beispiel im Leitbild einer münsterländischen Bank. Was soll der Bankkaufmann hinterm Schalter mit diesem Geschwafel anfangen? Wäre er vor diesem Leitbild versucht gewesen, Uralt-Technik verantwortungslos zu nutzen?

»Im Bereich der Entsorgungstechnik wollen wir ein innovativer und dynamischer Anbieter mit einer kontinuierlichen Aufwärtsentwicklung sein«, verspricht ein marktführendes Landtechnik-Unternehmen. Hatten die Mitarbeiter der Firma bisher gedacht, man arbeite für einen lahmen Laden, mit dem es am besten abwärts gehen sollte?

»Die Gestaltung der Unternehmens- und Führungskonzepte sollen bewusst ein Optimum an Entfaltung und Mitwirkung der Mitarbeiter im Rahmen der Aufgabenteilung ermöglichen«, behauptet eine Unternehmensberatung. Dies ist ein besonders schönes Beispiel von aufgeblähten Nichtigkeiten. Es geht offenbar schon gar nicht mehr um das Führen selbst, also wie sich die Chefs gegenüber den Mitarbeitern verhalten sollen. Sondern die Autoren dieses Leitbildes nehmen den Umweg über die »Unternehmens- und Führungskonzepte«, die irgendwie gestaltet werden sollen – und zwar »bewusst«. Weil der Unternehmensberatung zuviel Entfaltung nicht geheuer zu sein scheint, grenzt sie es sogleich auf den »Rahmen der Aufgabenteilung« ein. Was soll eine Sachbearbeiterin, die bei dieser Unternehmensberatung arbeitet, mit dieser Aussage anfangen?

Vielleicht hilft ihr ja der nächste Satz weiter: »Im Rahmen der Delegation von Kompetenz und Verantwortung müssen in Abstimmung die Entscheidungen durch den Verantwortlichen gefällt werden«? Bitte? Die Verantwortlichen sollen also, wenn sie verantwortlich sind, entscheiden? Aber bitte nicht allein, sondern möglichst »in Abstimmung« – mit wem auch immer. Und wie bitteschön delegiert man Kompetenz? Die hat man oder man hat sie nicht.

Ich kann mir gut vorstellen, wie dieser Quatsch seinen Weg ins Leitbild gefunden hat: Aus mangelndem Mut, aus Angst davor, Mitarbeiter könnten die Vorgaben ernst nehmen, umstellten die Autoren jede klare Aussage mit einem Schutzwall aus Phrasen.

In einem Seminar habe ich einmal ein aufschlussreiches Experiment durchgeführt. Ich hatte mir die Leitbilder deutscher Fernsehsender besorgt. Dann hatte ich einzelne Sätze und Absätze untereinander ausgetauscht und die neuen Texte einigen Teilnehmern vorgelegt. Niemand hat Verdacht geschöpft. Kein Wunder, denn die Aussagen waren gleich inhaltsleer und passten deshalb immer, egal ob für Sat-1 oder ZDF.

Wie kommen Chefs auf die Idee, dass sie mit solchen Leitbildern ihre Mitarbeiter motivieren können? In der Regel wird passieren, was ich aus vielen Firmen kenne: Wenn ich das Unternehmensleitbild anspreche, verdrehen die Mitarbeiter die Augen. »Nicht schon wieder!«, jammern sie. Angestellte, die schon mehrere Vorstandschefs oder Geschäftsführer erlebt haben, sind besonders geschädigt, denn jeder neue Vorstand lässt erst einmal ein neues Leitbild verfassen. Zwar werden dabei die altbekannten Phrasen nur neu gequirlt, aber offenbar glauben die Bosse, so Schwung in ihre Firma bringen zu können. Dabei ist es in Wirklichkeit umgekehrt: Jeder, der auf den phrasendreschenden Unsinn verzichtet, hat bei den Mitarbeitern schon etwas gut.

Kosten und Mühen

Was unverständliche Texte die Volkswirtschaft kosten, lässt sich schwer abschätzen. Die Kosten sind auf jeden Fall enorm. Dafür sprechen einige Beispiele:

- So schätzen Experten, dass die deutsche Wirtschaft allein durch mangelhaft formulierte Gebrauchsanleitungen einen Schaden von rund einer Milliarde Euro erleidet. Schlecht formulierte Gebrauchsanleitungen sind aber nur ein winziger Teil der Texte, mit denen wir uns jeden Tag herumquälen müssen.

- Eine Untersuchung hat gezeigt, dass sich schlecht aufgebaute und unklar formulierte Texte schwer übersetzen lassen. Nachdem solche Texte verbessert und klarer geschrieben worden waren, sanken die Kosten für die Übersetzung um bis zu 40 Prozent. Außerdem waren die Übersetzungen besser.

- Mehrere Hersteller sind bereits zu Schadenersatz verurteilt worden, weil die Unterlagen zu ihren Maschinen so schlecht geschrieben waren, dass die Kunden sie falsch bedienten und damit Schaden anrichteten. In einigen Fällen kam es sogar zu Unfällen.

- Einige Städte und Gemeinden haben die Mitarbeiter ihrer Verwaltung darin geschult, verständlichere Bescheide zu verfassen. So sollen zum Beispiel die städtischen Beamten in Frankfurt am Main nicht mehr schreiben: »Ich darf Sie bitten, die säumige Rate innerhalb einer Woche an die Stadtkasse unter Angabe des Kassenzeichens zu überweisen oder mir die Gründe für Ihre Säumigkeit mitzuteilen.« Stattdessen soll es heißen: »Bitte überweisen Sie die fällige Rate innerhalb einer Woche an die Stadtkasse. Geben Sie dabei das

Kassenzeichen an. Sollten Ihnen die Zahlung nicht möglich sein, teilen Sie mir Ihre Gründe hierfür mit.« Das Ergebnis der bürgernahen Verwaltungssprache: Die Zahl der Widersprüche sank um bis zu 30 Prozent. Außerdem wurden die städtischen Mitarbeiter entlastet. Sie wurden seltener von Bürgern angerufen, die die Mitteilungen der Verwaltung nicht verstanden hatten.

Bisher ist es noch niemandem gelungen auszurechnen, wie viel Geld genau Phrasendrescherei, Wirtschafts- und Verwaltungskauderwelsch kosten. Eine kleine Anekdote mag aber illustrieren, welches Potential an Einsparungen durch Klardeutsch entstünde. Kürzlich erzählte mir ein deutscher Top-Manager, dass er die E-Mails eines seiner Untergebenen nur sehr ungern lese. Er wisse von vornherein, dass er sie in weiten Teilen nicht verstehen werde.

Nun stellen Sie sich vor: Ein gut bezahlter Mitarbeiter macht sich viel Mühe, seine Gedanken in komplizierten Sätzen zu formulieren. Sein sehr gut bezahlter Chef verbringt seine Zeit damit, herauszufinden, was mit diesen Sätzen wohl gemeint ist. Gut möglich, dass der Top-Manager einen erheblichen Teil davon falsch versteht. Oder gar nicht. Dass er eine wichtige Entscheidung dann auf der Grundlage halbverdauter Information fällt.

Natürlich drängt sich der Verdacht auf, dass jener Mitarbeiter seine Texte absichtlich so wolkig schreibt. So kann er hinterher immer behaupten, das habe er ja nun gar nicht gemeint. Sein Chef sollte sich allerdings fragen: Was ist ein solcher Mitarbeiter wert? Und ihn zu klarem Deutsch ermuntern.

Der Trick der Verantwortungsflucht durch Schwammigkeit ist übrigens besonders bei Beratungsfirmen beliebt.

Wenn ein Berater in einem Bericht den Satz schreibt: »Die Marketing-Herausforderung kann am Ende des Tages nur dann erfolgreich bewältigt werden, wenn den Kunden innovative Preismodelle angeboten werden, die bei ihm ein satisfaktorisches Erlebnis hervorrufen« klingt er ziemlich imposant. Er verschafft sich den Nimbus des Experten und vermittelt den Eindruck, er habe bereits eine Lösung gefunden – auch wenn er noch gar nichts dazu beigetragen hat. Denn der Satz heißt nichts anderes als: »Sie müssen einen Preis finden, den der Kunden zu zahlen bereit ist.« Welcher Preis das ist, bleibt im Dunkeln.

Leider kommt es oft genug vor, dass der Autor solcher Formulierungen selbst davon überzeugt ist, mit seinem »Geschwurbel« das Problem bereits gelöst zu haben. Ich erlebe es immer wieder, dass Manager in den Verständlichkeitstrainings feststellen: Was sie für eine Lösung ihres Problems gehalten hatten, ist in Wirklichkeit nichts anderes als seine blumige Umschreibung.

Mit den Kauderwelsch-Formulierungen verhält es sich wie mit den Horoskopen in Tageszeitungen. Sie sind so allgemein formuliert, dass sie immer und auf jeden irgendwie zutreffen. Folglich lassen sich sprachlich vernebelte Konzepte sogar mehrfach verkaufen – sie sagen zwar nichts Konkretes aus, klingen aber gewichtig. Wenn es am Ende schiefgeht, kann man sich immer noch herausreden, so habe es ja nun nicht im Konzept gestanden. Kauderwelsch und Phrasendrescherei werden zum Ausweg für alle, die Angst haben, Verantwortung zu übernehmen.

Wir sind nicht alle Top-Manager. Die meisten von uns haben aber die gleiche Erfahrung gemacht. Kürzlich habe ich geschlagene 20 Minuten benötigt, bis ich eine Mitteilung meiner Bank verstanden habe. Sie wollte mich darüber informieren, dass sie einige Konditionen für mein Depot ändert. Der Brief war eine Mischung aus Marketinggeschwafel (was war nicht alles »innovativ« an den neuen Bedingungen) und juristischem Expertendeutsch.

Der seinerzeitige Bundeskanzler Helmut Schmidt hat einmal in einer Regierungserklärung gestanden, er verstehe seine Gasrechnung nicht. Ich habe nicht den Eindruck, dass die Situation seit damals besser geworden ist.

Demokratieverlust

Letztlich sind die Folgen, die die Sprachaufblähung unserer Eliten zeitigt, schlimmer als nur die volks- und betriebswirtschaftlichen Kosten. Sie gefährden unsere Demokratie und das Miteinander in unserer Gesellschaft.

In der Komödie »Pygmalion« von 1921 des englischen Dramatikers George Bernard Shaw verhilft der Sprachforscher Professor Higgins dem Blumenmädchen Eliza Doolittle zu einem Auftritt als vermeintlicher Herzogin, indem er ihr Oxford-Englisch beibringt. Das Stück ist als Musical unter dem Titel »My Fair Lady« bekannt. Higgins will beweisen, dass in der englischen Klassengesellschaft Menschen allein durch die Sprache gesellschaftlich definiert werden. Genau das geschieht auch in der gesellschaftlichen Wirklichkeit der Bundesrepublik Deutschland. Die überladene Sprache ist den Eliten derart in Fleisch und Blut übergegangen, dass ihnen gar nicht mehr auffällt, wie fremd sie den meisten Menschen ist.

In einer Umfrage gestanden über 70 Prozent der Deutschen ein, dass sie die Begriffe, die mit der Gesundheitsreform verbunden sind, nicht verstehen. Vermutlich verstehen sie sogar einige mehr nicht, die es aber nicht eingestanden.

Die Eliten rufen nach Reformen, sie beklagen das Elend des Landes und diskutieren wortreich – aber für die meisten Deutschen reden sie in fremden Zungen. Der gesellschaftliche Dialog funktioniert schon auf seiner untersten Ebene nicht, der sprachlichen.

Zwei Beispiele möchte ich anführen:

1. Eine politische Stiftung schreibt zu ihrer Arbeit: »Die Erhöhung der Reformkompetenz und Handlungsfähigkeit fortschrittlicher Kräfte in Zivilgesellschaft und Politik sind zentrale Elemente unserer Arbeit. Dazu gehören die Partizipation der benachteiligten Bevölkerung in den kommunalen Willensbildungsprozessen durch Verbesserung der kommunalpolitischen Sachkompetenz und organisatorischen Handlungsfähigkeit.« Welcher Angehörige der »benachteiligten Bevölkerung« soll das verstehen? Hätte die Stiftung nicht schreiben können: »Uns ist es wichtig, benachteiligte Menschen guten Willens in Politik und Gesellschaft kompetenter und handlungsfähiger zu machen. Wir wollen ihnen helfen, sich in ihren Städten und Gemeinden politisch zu engagieren. Deshalb schulen wir sie in der Sache und bringen ihnen bei, sich besser zu organisieren.« Mehr steht in den ersten beiden Sätzen nämlich nicht.

2. Eine Kommunikationsagentur teilt mit: »Moderne politische Steuerung setzt voraus, dass der Staat zunehmend die Rolle des aktivierenden, motivierenden und

rahmensetzenden Handlungstreibenden übernimmt. Das verlangt (...) sowohl Reformkompetenz als auch Reformkonsistenz.« Kann ein für gesellschaftliche Reformen offener Klempner damit etwas anfangen? Ich muss zugeben, so ganz genau weiß ich auch nicht, was hier mitgeteilt werden soll. Vielleicht gar nichts Bestimmtes. Vielleicht reicht es ja, so schöne Worte wie »Reform«, »aktiv«, »modern« und »motivierend« aneinanderzureihen? Hier mein Versuch einer Übersetzung: »Der Staat muss seine Bürger heutzutage dazu bringen, etwas zu tun [was, wird an dieser Stelle nicht verraten]. Dafür muss er einen Rahmen setzen [was immer dieser Rahmen umfassen mag]. Die Politiker [oder wer auch immer der Staat sein mag] müssen dazu wissen, welche Reformen man wie umsetzt und diese dann auch durchhalten.« Naja, reichlich wolkig, oder? Es drängt sich der Verdacht auf, dass die Sprache so unscharf und allgemein ist, weil die Gedanken, die damit ausgedrückt werden sollen, so unscharf und allgemein sind.

Die Sprachvernebelung der Eliten zerreißt die Gesellschaft in zwei Teile, die Verstehenden und die Nichtverstehenden. Das gefährdet die Demokratie, denn nur wenn die Regierten verstehen, was die Eliten ihnen sagen, können sie mitbestimmen. Sonst orientieren sich immer mehr Mitglieder der sprachlich abgehängten Teile des Volkes an jenen, deren Parolen unmissverständlich sind. Im Zweifel an den Rechtsradikalen.

Umgekehrt gilt: Je klarer jeder Beteiligte Sinn und Motiv von Forderungen formuliert, desto leichter wird die gesellschaftliche Diskussion darüber. Nicht zuletzt deshalb, weil durchschaubarer wird, welche Interessen dahinter stehen. Eine Gesellschaft, die auf Teilhabe beruht, kann erst dann über Reformen reden, wenn sie so formuliert sind, dass sie jeder versteht.

Fünf Lektionen der Hirnforschung
für Phrasendrescher

Unser Wissen darüber, wie Sprache im Gehirn verarbeitet wird, ist in den letzten Jahrzehnten enorm gewachsen. Durch die so genannten Bild gebenden Verfahren können wir heute dem Gehirn beim Sprechen, Lesen und Sprache-Verstehen zuschauen. Wir wissen, welche Wörter oder Wortgruppen an welcher Stelle im Gehirn eine Aktivität auslösen. Die Ergebnisse der Hirnforschung bestätigen, was Stillehrer und Sprachkritiker seit jeher behaupten: Einfache Worte in klaren Sätzen lösen bei uns Menschen im Kopf die größte Wirkung aus. Hier sind fünf Lektionen der Hirnforscher für Phrasendrescher.

Erste Lektion

Die Schätzungen sind unsicher, aber die Wissenschaftler gehen davon aus, dass der Mensch vor etwa 100.000 bis 150.000 Jahren anfing zu sprechen. Wie sich die Ursprache anhörte, wird man wohl niemals herausfinden können. Linguisten haben versucht, aus den Proto-Sprachen der Sprachfamilien auf der Welt eine Art Proto-Proto-Sprache zu rekonstruieren. Proto-Sprachen sind der aus den bekannten Sprachen rekonstruierte Urahn einer Sprachfamilie. Die Rekonstruktion des Idioms von Adam und Eva aus diesen Rekonstruktionen ist außerordentlich umstritten; und die Argumente der Kritiker sind stärker als die derjenigen, die behaupten, eine solche Rekonstruktion sei möglich.

Unbestritten ist, dass unsere Fähigkeit zu sprechen die menschliche Kultur erst möglich gemacht hat. Sprache zu verarbeiten, ist eine unglaubliche Leistung des Gehirns. Es muss zunächst die eingehenden akustischen Signale aufnehmen. Dabei filtert es die Umgebungslaute heraus und konzentriert sich auf das, was gesagt wurde. Dann muss das Gehirn die bedeutungtragenden Laute voneinander unterscheiden – und die Varianten in der Aussprache erkennen. Babys lernen dies ganz zu Beginn ihres Spracherwerbs, denn schließlich spricht die Oma ein kleines bisschen anders als die Mutter, und der Vater hat eine tiefere Stimme als die Tante.

Wenn zum Beispiel Japaner das »r« nicht vom »l« unterscheiden können, liegt das daran, dass ihr Gehirn gelernt hat, »r«-Laute und »l«-Laute als ähnlich in einer Gruppe zusammenzufassen, weil diese Phoneme in der japanischen Sprache nahe beieinander liegen. Phoneme sind die einzelnen Laute einer Sprache.

Die Phoneme müssen vom Gehirn als Worte erkannt, mit bekannten Vorlagen abgeglichen und ihre Bedeutung im so genannten semantischen Lexikon abgerufen werden. Die einzelnen Worte müssen als Teile eines Satzes erkannt, in ihrer grammatischen Rolle gedeutet und in ihrem Zusammenhang interpretiert werden. Insgesamt eine erstaunliche Leistung!

Unsere genetischen Verwandten, die Menschenaffen, verständigen sich mit etwa 40 verschiedenen Lauten. Jeder Laut hat eine Bedeutung, das heißt, der Wortschatz eines Affen umfasst etwa 40 Wörter. Die Zahl der Laute (Phoneme), die der Mensch gewöhnlich bilden und unterscheiden kann, ist ungefähr genauso groß.* Aber er kann

---

* Einige Sprachen kommen angeblich auf bis zu 120 Phoneme. Aber das sind Ausnahmen.

unendlich viel mehr damit sagen, weil er sie zu Millionen Worten kombinieren kann. Nur ein Bruchteil dieser Kombinationen ist in unserem Gehirn mit einem Sinn verknüpft. Die englische Sprache, die als die wortschatzreichste der Welt gilt, zählt angeblich rund eine Million Begriffe. Für das Deutsche lauten die Schätzungen auf etwa halb so viele.

Ein durchschnittlich gebildeter Mensch verfügt über einen Wortschatz von rund 50.000 Wörtern. Diese Wörter sind in seinem Gehirn gespeichert, und zwar wie zu erwarten in der Regel im Langzeitgedächtnis, denn er muss ja ständig darauf zurückgreifen. Nun sind die Wörter in unserem Gehirn aber nicht so angeordnet wie im Duden. Sie liegen vielmehr zusammen wie die Artikel in einem Kaufhaus. Dort gibt es eine Sportabteilung, eine Haushaltswarenabteilung, eine Lebensmittelabteilung und so weiter. In der Lebensmittelabteilung wiederum finden sich in der einen Ecke Konserven, in der anderen alles, was man zum Backen braucht. Im Kühlregal stehen Milchprodukte zusammen, und zwar wiederum untergliedert in Käse, Butter, Frischmilch und so fort.

Es kann sein, dass bei einem Patienten nach einer Hirnschädigung, zum Beispiel nach einem Schlaganfall, ganz bestimmte Bereiche ausfallen. Solche Menschen können zwar normal sprechen, ihnen fehlen aber die einzelnen Vokabeln für unterschiedliche Bäume oder ihnen fallen die Verben der Bewegung nicht mehr ein. Das ist dann, als würde eine Abteilung des Kaufhauses geschlossen.

In unserem Gehirn liegen die Begriffe in Bedeutungsgruppen zusammen. Zwei bekannte, leicht nachvollziehbare Experimente belegen dies:

Beantworten Sie bitte rasch, ohne groß nachzudenken, folgende Fragen: Welche Farbe hat der Schnee? Welche Farbe hat ein Blatt Papier? Welche Farbe haben die Gardinen? Was trinkt die Kuh?

Wenn Sie jetzt »Milch« statt »Wasser« geantwortet haben, liegt das daran, dass »weiß« und »Milch« in unserem Gehirn eine starke neuronale Verbindung haben. Sie liegen in einem Wortfeld beieinander.

Das zweite Experiment: Ich nenne Ihnen drei Oberbegriffe, denken Sie bitte ohne langes Nachdenken ein passendes konkretes Wort. Ein Beispiel: Ich nenne »Gebäude«, sie denken »Haus«, »Schloss«, »Hundehütte« oder was auch immer.

Also los: Ein Werkzeug! Eine Farbe! Ein Musikinstrument!

Die meisten Menschen haben an folgende konkreten Begriffe gedacht: Hammer, rot und Geige. Auch hier ist der Grund darin zu suchen, dass die neuronalen Verbindungen zwischen dem Oberbegriff und dem konkreten Wort bei diesen drei Ausprägungen am stärksten sind.

Auch im Alltag offenbaren sich die Wortfelder in unserem Kopf. Wenn Sie sich mit Ihrem Nachbarn über Gartenpflege unterhalten, fallen Ihnen vermutlich viele Blumen- und Pflanzennamen ein. Wenn Sie sich mitten in einem Gespräch über Rennautos befinden und Sie jemand nach einem Blumennamen fragt, werden Sie in der Regel zögern. Das geht nicht nur Ihnen so! In Experimenten hatten selbst enthusiastische Hobbygärtner Schwierigkeiten, auf Anhieb gärtnerische Fachbegriffe zu nennen, wenn sie sich geistig gerade mit etwas anderem beschäftigt hatten. Sie sind in einer anderen Abteilung des Kaufhauses unterwegs.

Jetzt folgt etwas, was im Zusammenhang mit unseren Phrasendreschern von großer Bedeutung ist. Stellen Sie sich unser Kaufhaus der Wörter und Bedeutungen vor. Was tun Sie, wenn Sie dort einen ganz bestimmten Laufschuh von Adidas oder Nike kaufen möchten? Vermutlich suchen Sie auf der Tafel neben der Rolltreppe nach der Sportabteilung. Sie gehen also nach einem abstrakten Oberbegriff vor. In unserem Gehirn sind die abstrakten Begriffe an einer anderen Stelle gespeichert als die konkreten. Das wissen wir, weil es Hirnpatienten gibt, die zwar konkrete Gegenstände benennen können, mit dem abstrakten Oberbegriff aber nichts anzufangen wissen – oder umgekehrt.

Die Übersichtstafel im Kaufhaus steht an einer anderen Stelle als die Sportschuhe selbst. Wenn Sie vor dem Wegweiser stehen und »Sportabteilung« lesen, werden Sie vermutlich an Sportschuhe denken, an Trikots, an Hanteln und Fußbälle, an Badehosen oder Skianzüge. Ja, Sie *müssen* an etwas *Konkretes* denken, denn sonst haben Sie keine Ahnung, was Sie in der Sportabteilung erwartet.

Genau so geht es mit den Worten in unserem Gehirn zu. Versuchen Sie einmal, an »Küchengeräte« zu denken. Es wird Ihnen nicht gelingen! Sie können nicht an »Küchengeräte« ganz allgemein denken. Ihnen werden vermutlich bestimmte konkrete Küchengeräte einfallen, zuvorderst ein Mixer, vielleicht ein Rührlöffel, ein Nudelholz und so weiter.

Daraus folgt die erste Lektion für Phrasendrescher: Unser Gehirn weiß es zu schätzen, wenn wir konkret werden. »Großvieheinheit« löst in unserem Gehirn nicht gerade ein neuronales Feuerwerk aus. »Kuh« schon. Je anschaulicher wir reden, desto mehr Bereiche unseres

Gehirns werden eingeschaltet, desto größere Wortfelder aktiviert. Wissenschaftler haben bei Versuchspersonen nachgewiesen, dass Verben wie »trinken« oder »greifen« auch die Areale aktivieren, die für die Motorik des Trinkens und Greifens zuständig sind. Die Signale sind nur nicht stark genug, dass unsere Muskeln die Tat auch ausführen. Mit anderen Worten: In unserem Kopf greifen oder trinken wir ein bisschen, wenn wir diese Worte hören.

Das mag seine Ursache in der Entwicklungsgeschichte haben. Einer Theorie zufolge waren die ersten lautlichen Äußerungen Befehle. Wenn also unsere grauen Vorfahren sich »Fass!« oder »Halt!« zuriefen, war eine rasche Reaktion gefragt – es gab keine Zeit zum Überlegen.

Zweite Lektion

Neulich traf ich mich mit einem Paar, das schon seit über zwei Jahrzehnten zusammen ist, zu Kaffee und Kuchen. Die beiden sind so aufeinander eingespielt, dass er ihre Sätze zu Ende spricht und sie die seinen. Der eine Partner denkt also immer schon voraus, was der andere vermutlich merken wird. Unser Gehirn handelt nach dem gleichen Prinzip. Wenn wir einen Satz hören oder lesen, stellt unser Gehirn eine Hypothese darüber auf, wie er weitergehen könnte. Wir denken der Sprache also immer ein Stück voraus. Je komplizierter die Satzkonstruktionen werden, desto schwieriger ist es für unser Gehirn, eine Vermutung über den Ausgang des Satzes aufzustellen. Wir bleiben ein Stück im Ungewissen. Auf die Dauer ist das ziemlich anstrengend und wenn wir uns schließlich nicht mehr konzentrieren können, schalten wir ab.

Das gilt auch für Geschriebenes. Die beiden Neuro-psychologen Alexander R. Luvia und Ljubov S. Cvetkova erläutern dies so (und geben durch ihren Stil gleich ein gutes Beispiel):

»Wenn aber die Satzstücke, die dem Sinn nach zusam-mengehören, durch eine Kette anderer Sätze abgetrennt werden und wenn im Text von mehreren Subjekten und Handlungen die Rede ist, muß sich derjenige, der sich mit dem Text beschäftigt, selbständig im System der Bezie-hungen zurechtfinden und diejenigen herausfinden, die dem Sinn nach zu einem System gehören, aber im Satz weit voneinander entfernt stehen.«

Daraus folgt die zweite Lektion für Phrasendrescher: Wer seine Zuhörer und Leser bei der Stange halten will, muss übersichtliche Sätze bauen.

Dritte Lektion

Gerade war von Texten die Rede. Stellen Sie sich vor, die Strecke zwischen dem Hamburger Rathausplatz und dem Marienplatz in München entspräche in etwa der Ge-schichte des sprachbegabten Homo sapiens und Sie woll-ten die Strecke von Nord nach Süd erwandern. Wenn Sie kurz vor dem Münchner Vorort Garching ankommen, haben die Menschen zum ersten Mal ihre Sprache in Schriftzeichen gebannt. Wenn Sie den Stachus erreicht haben, beginnt in den europäischen Industriestaaten die allgemeine Alphabetisierung.*

---

* Für diejenigen, die München nicht kennen: Der Stachus (Karlsplatz) liegt etwa 200 Meter vom Marienplatz entfernt.

Es ist verständlich, dass unser Gehirn sich in dieser kurzen Zeit nicht auf das Lesen eingestellt haben kann. Um es klar zu sagen: Der Mensch ist für's Lesen nicht geschaffen. Es zeugt von unseren erstaunlichen geistigen Fähigkeiten und der gewaltigen Leistungsfähigkeit unseres Gehirns, dass jeder, der dies hier liest, es dennoch beherrscht. Die Hirnforscher nehmen an, dass beim Lesen Fähigkeiten des Hirns genutzt werden, die eigentlich für andere Aufgaben vorgesehen waren.

Der amerikanische Neurologe William H. Calvin erzählt in seinem Buch »Einsicht ins Gehirn«, das er zusammen mit seinem Kollegen George Ojemann verfasst hat, folgende Geschichte: »Mein Vater hatte eines Tages arge Kopfschmerzen, die schlimmer waren als alle, die er je gehabt hatte. Am nächsten Morgen aber fühlte er sich schon etwas besser, machte sich Frühstück, ging dann hinaus, um die Zeitung aus dem Briefkasten zu holen. Als er sich an den Frühstückstisch setzte und die Zeitung aufblätterte, entdeckte er zu seiner Verwunderung, dass er sie nicht lesen konnte. Die Worte waren verwischt. Er konnte die einzelnen Buchstaben benennen, aber nicht die Worte lesen.«

Calvins Vater hatte einen Schlaganfall erlitten, der jene Teile des Gehirns schädigte, die mit dem Zusammenhang zwischen Buchstabenfolge und Wortsinn zu tun haben. Später konnte er einige dieser Fähigkeiten zurückgewinnen, aber nie mehr so wie früher lesen – das Gehirn setzte offenbar andere, nicht geschädigte Bereiche für die Aufgabe ein, die nicht voll genutzt werden konnten.

Lesen ist wie Sprachverständnis ein sehr komplizierter (und faszinierender) Vorgang. Zunächst nimmt das Auge Buchstabenfolgen wahr. Es fixiert sie für einen sehr kurzen

Moment und springt dann weiter. Diese Sprünge des Auges nennt man Sakkaden. Sie dauern zwischen 170 und 350 Millisekunden. Wenn das Gehirn ein Wort in seiner Bedeutung erfasst hat, springt das Auge zum nächsten weiter.

Bei Wörtern, die uns vertraut sind, sind die Sakkaden kürzer, bei unbekannten und langen Wörtern länger. Bei schwierigen Wörtern und komplizierten Sätzen springt das Auge auch öfter zurück – was die Sache mühseliger macht.

Daraus folgt die dritte Lektion für Phrasendrescher: Wir können Texte mit vertrauten Wörtern und übersichtlichen Sätzen schneller und leichter lesen.

Vierte Lektion

Noch ein zweites Argument spricht dafür, Texte im Wesentlichen auf vertraute Wörter zu fundieren. Es gibt nämlich zwei Arten des Lesens, zumindest bei unseren so genannten phonographischen Schriftsystemen. Phonographisch nennt man eine Schrift, die Laute wiedergibt (zum Beispiel das Alphabet); im Gegensatz zu den logographischen Schriften, etwa der chinesischen Bilderschrift. Chinesen lesen ein Wort, indem sie es als Bild erkennen. Das Gehirn greift sofort auf das semantische Lexikon zurück, also auf jenen Ort, an dem die Bedeutung der Wörter gespeichert ist. Ein Großteil unseres Lesens, auch wenn wir es mit alphabetischen Schriften zu tun haben, basiert auf dem gleichen Prinzip. Wir erkennen die Worte als Zeichen! Das ist der Grund, warum wir einfache Texte auch dann verstehen, wenn bei ihren Worten nur der erste und der letzte Buchstabe stimmen, die restlichen aber vertauscht sind. Wie zum Beispiel hier: »Gmäeß eneir Sutide eneir elgnihcesn Uvinisterät ist es nchit witihcg in wlecehr Rneflogheie die Bstachuebn in eneim Wrot snid, das ezniige was wcthiig ist, ist dass der estre und der leztte Bstabchue an der ritihcegn Pstoiion snid. Der Rset knan ein ttoaelr Bsinöldn sien, tedztorm knan man ihn onhe Pemoblre lseen. Das ist so, wiel wir nciht jeedn Bstachuebn enzelin leesn, snderon das Wrot als gseatems.«

Wie Sie gerne ausprobieren können, funktioniert das nur, solange wir das Wort als Bild gespeichert haben. Phrasendeutsch wie »Innovationsinvestionsentscheidung« ist in unserem Bildgedächtnis nicht abgelegt. Wir müssen dieses Wort auf die zweite Art lesen, nämlich indem wir es uns in unserem Kopf Silbe für Silbe vorlesen. Was wir innerlich hören, vergleicht unser Gehirn mit den Einträgen im semantischen Lexikon. Dort finden wir entweder das Wort oder das Gehirn setzt seine Bedeutung aus ihm bekannten Einzelteilen zusammen oder wir denken: »Nie gehört! Was soll denn das sein?«

Je öfter wir uns dieser Mühe unterziehen müssen, desto unwirscher werden wir – und desto eher geben wir das Lesen auf.

Lektion Nummer vier für die Phrasendrescher: Deine aufgeblähten Phrasen muss unser Gehirn sich mühsam vorlesen. Sie machen es ihm unnötig schwer, dich zu verstehen!

Fünfte Lektion

Damit nicht genug. Neben den beiden oben genannten Arten des Lesens müssen wir auf einer anderen Ebene ebenfalls zwei Arten des Lesens unterscheiden. Lesen Sie bitte erst das:

»Moses streckte seine Hand aus und so strömte das Wasser bei Tagesanbruch zurück. Die fliehenden Ägypter rannten geradewegs hinein; der Herr trieb sie mitten ins Meer. Das Wasser bedeckte die Streitwagen und Wagenkämpfer, die gesamte Armee des Pharaos, die den Israeliten ins Meer gefolgt war. Kein einziger von den Ägyptern kam mit dem Leben davon. Die Israeliten aber waren auf trockenem Grund mitten durchs Meer gegangen, während links und rechts das Wasser wie eine Wand stand.«*

Und jetzt das: »Kohlenwasserstoffe, chem. Verbindungen, die nur aus Kohlenstoff (C) und Wasserstoff (H) aufgebaut sind. In den K. sind Kohlenstoffatome durch kovalente Bindungen zu geraden oder verzweigten Ketten (azykl. oder aliphat. K.) oder Ringen (zykl. K.) verbunden.«**

Was spielte sich bei der ersten Passage in Ihrem Kopf ab? Was bei der zweiten?

Der Hirnforscher Professor Ernst Pöppel vom Institut für Medizinische Psychologie der Münchner Ludwig-Maximilians-Universität unterscheidet diese beiden Arten des Lesens als »bildorientiert« und »begriffsorientiert«. Er erklärt die erste Art so: »Das bildorientierte Lesen wird

* 2 Mose/Exodus 14, 27-29
** Stichwort »Kohlenwasserstoff« in »Meyers Großes Taschenlexikon«

beim Lesen eines Romans oder eines Gedichts ausgelöst. Es entstehen mit der ersten Zeile Bilder in uns, und es entfaltet sich über den Vorgang des Lesens eine Geschichte (...) sodass das bildorientierte Lesen sehr viel individueller ist.« Es bezieht im Übrigen die rechte Gehirnhälfte stärker ein. Dort sind, vereinfacht gesagt, die eher emotionalen Funktionen verankert. Die linke Hemisphäre kümmert sich um Fragen von Systematik und Struktur; zum Beispiel wird dort der Satzbau entschlüsselt. Zum »begriffsorientierten Lesen« erläutert Pöppel: »Das Ergebnis des Lesens wird in einen rationalen Zusammenhang gestellt, und das Lesen trägt bei zur Erweiterung des expliziten Wissens, das sprachlich verfügbar ist.«

Die fünfte Lektion für Phrasendrescher: Wer die Gefühle seiner Leser und Zuhörer ansprechen will, muss bildhaft und anschaulich formulieren.

Der schlimmste Wortmüll

Es ist an der Zeit, konkreter zu werden. Im Folgenden habe ich einige der schlimmsten Phrasen versammelt. Wortmüll, der auf eine sprachliche Giftmülldeponie gehört. Die hier versammelten Allgemeinplätze sollten Sie skeptisch machen, wenn Sie sie irgendwo hören oder lesen. Fragen Sie nach, was ihre Urheber damit meinen. Sie werden sich nicht selten in eine Landschaft geistiger Armut begeben. Ich mache Ihnen allerdings nicht allzu viel Hoffnung, dass Sie die Phrasendrescher bekehren können.

Vermutlich kennen Sie Hans Christian Andersens Märchen »Des Kaisers neue Kleider«. Viele, die in der öffentlichen Diskussion darauf Bezug nehmen, vergessen den Schluss. Nachdem nämlich das kleine Mädchen in seiner Unschuld gerufen hat: »Der Kaiser ist ja nackt!«, geht es so weiter: »»Aber er hat ja gar nichts an!‹, rief zuletzt das ganze Volk. Das ergriff den Kaiser, denn das Volk schien ihm recht zu haben, aber er dachte bei sich: ›Nun muss ich aushalten.‹ Und die Kammerherren gingen und trugen die Schleppe, die gar nicht da war.«

Die Phrasendrescher werden vermutlich weiterschwätzen. Aber zumindest sollte das ganze Volk über sie lachen.

Innovation

Deutschland stecke im Innovationsstau, behauptete einst Bundespräsident Roman Herzog in seiner »Ruck-Rede«. Das kann nicht sein. Im Gegenteil entdecken wir Innovation, wohin wir unseren Blick nur wenden. Google findet im Internet allein 5,5 Millionen Erwähnungen des Wortes »innovativ«, grammatische Varianten wie »innovatives«, »innovativer« usw. gar nicht mitgerechnet. Es gibt eigentlich keine Firma, die nicht irgendwie »innovativ« ist. Längst herrscht in Deutschland Innovationspflicht – sei es auch nur verbale. Vermutlich ereignen sich in deutschen Büros täglich ungefähr solche Szenen: Marketingassistentin zum Marketingleiter: »Herr Dr. Dings, ich habe den Text über unsere neue Unterwäschekollektion fertig geschrieben.« »Ah, wunderbar, zeigen Sie mal her!« Marketingleiter Dr. Dings liest den Text. Er zieht die Augenbrauen zusammen. »Frau Bibber, irgendwas fehlt mir noch was ... etwas, das unsere Unterwäsche dynamischer macht, moderner ... innovativer! Das ist es! Innovativ! Schreiben Sie auf jeder Seite mindestens dreimal ›innovativ‹, dann stimmt's!«

Sie halten diese Geschichte für übertrieben? Wohl kaum. Kürzlich legte mir in einem Text-Seminar eine PR-Mitarbeiterin eine Presseerklärung für – in der Tat – Sportunterwäsche vor. Auf drei Seiten tauchte sieben Mal das Wort »innovativ« auf. Dabei musste die PR-Mitarbeiterin zugeben, dass sich bei den Kollektionen in jeder Saison eigentlich nur die Farbe der Unterhosen und Dessous ändert. Je mehr wir uns der High-Tech-Branche nähern, desto innovativer wird es übrigens. Auf einer dreiseitigen Pressemitteilung einer Software-Firma fand sich bereits elf Mal »innovativ«.

Jüngst entdeckte ich bei einem Discounter sogar »innovative Socken«. Das Besondere an ihnen sei, dass sie einen Blutstau in den Beinen verhinderten, behauptete die Produktbeschreibung. Früher nannte man das Stützstrümpfe – als solche wären die Socken ganz bestimmt nicht »innovativ«. Das Wort bedeutet nämlich laut Fremdwörterduden die Einführung von etwas Neuem, die Realisierung einer neuartigen, fortschrittlichen Lösung. Umso verwunderlicher ist es, dass die Fraunhofer-Gesellschaft meint, »kryogene Zerkleinerung« (das heißt, etwas bei Kälte zu zerhacken) sei »klassisch und innovativ«. Klassisch bedeutet, jedenfalls in der gebräuchlichen Verwendung, altbewährt. Also eben nicht neuartig. »Vermutlich wollten die damit sagen, dass etwas schon lange Verwendetes jetzt verbessert und aufgefrischt wurde«, wendet eine Kollegin gegen meine Kritik ein. Glaube ich nicht. Ich vermute vielmehr, dass einfach zwei Begriffe sinnlos zusammengespannt wurden, weil sie beide irgendwie gut klingen. Nicht ganz so offensichtlich ist der Widerspruch beim Titel einer »Zeitschrift für Verwaltungsmanagement«. Das Blatt heißt »Innovative Verwaltung«. Vielleicht kann es so etwas wirklich geben, doch ich habe meine Zweifel. Wurde die »innovative Verwaltung« etwa in einem bundesdeutschen Landkreis tatsächlich verwirklicht? Der ist nämlich laut Eigenwerbung »bürgernah, innovativ, wirtschaftlich«. Eventuell zeigt sich die Innovationskraft ja darin, dass es dort »innovative und frauenfreundliche Arbeitszeitmodelle« gibt, wie sie die Grünen fordern. Sie meinen damit Teilzeit – ein Modell, das schon ein paar Jährchen auf dem Buckel hat. Das Problem mit dem Wort »innovativ« ist, dass man es schlichtweg nicht mehr hören mag. Wenn bei einer Bäckereifiliale Brot und Brötchen als »innovative Backwaren« firmieren, eine Hüpfburg zum »innovativen Schräg-Sprungkasten« wird, »Krankentransporte im Krankenhaus innovativ gesteuert« werden sollen und schlichte Einfamilienhäuschen als »innovatives Bauen« ausgegeben werden, hat das Wort selbst jegliche Innovationskraft verloren. Im Gehirn löst es keinen Reiz mehr aus; zum einen Ohr geht es rein, zum anderen wieder raus. Man liest es zu oft, Tag für Tag. Kein Wunder, dass eine Firma für Sicherheitstechnik bereits behauptet, »täglich innovativ« zu sein. Roman Herzog hatte Unrecht. Die Dämme sind längst gebrochen. Die Innovationsflut ergießt sich über unser Land. Sie schwemmt alles Altbewährte fort. Wir müssen uns in innovativen Rettungsbooten auf Innovationsinseln retten. Und mal was Neues erfinden.

Kommunikation

Falls Sie es nicht schon längst wissen: Man kann nicht *nicht* kommunizieren, behauptete jedenfalls 1969 der amerikanische Sozialwissenschaftler Paul Watzlawick und tut es heute noch auf den Internetseiten jeder zweiten deutschen PR-Agentur. Der Mann hat ja so recht. Wo man hinschaut, überall wird heutzutage kommuniziert. Jedes Unternehmen, das etwas auf sich hält, hat eine Kommunikationsabteilung, deren Aufgabe es ist, »mit der Öffentlichkeit zu kommunizieren«. Am besten, wie ein Unternehmen der Computerbranche verspricht, »interaktiv zu kommunizieren«. Was ich für einen Pleonasmus halte. Früher nannte man Kommunikation einfach »miteinander reden«, aber das klang natürlich weit weniger imposant.

Hier eine kleine Auswahl an Beispielen der grassierenden Kommunikationssucht:

- Die Bundesregierung will ihre politischen »Prioritäten kommunizieren«, das heißt, sie will den Leuten sagen, was sie für wichtig hält und was ihr weniger wichtig ist.

- Ärzte lernen mit Hilfe eines Fachbuches, »kompetent zu kommunizieren«, das heißt vermutlich: Das, was sie ihren Patienten zu sagen haben, soll richtig und verständlich sein.
- Ein »traditionsbewusstes, aber innovatives Cross-Media-Unternehmen« verrät mir, wie ich mit meinen Kunden »intelligent kommunizieren« kann. Falls ich bislang zu geistlosem Kommunizieren neigte, kann mir das nur helfen.
- Eine Unternehmensberatung bietet ihren Kunden »innovative Kommunikation« an. Was das heißt, weiß ich auch nicht. Wahrscheinlich gar nichts, auf jeden Fall aber dürfte es teuer sein.
- Zwei Kommunikationstrainer wollen dazu verhelfen, »selbstbewusst und selbstverantwortet zu kommunizieren«. Während man sich selbstbewusste Kommunikation noch vorstellen kann, fragt man sich, was »selbstverantwortete Kommunikation« wohl bedeuten mag.
- Ein anderer Unternehmensberater fordert die Unternehmen auf, ihre »Vision zu kommunizieren«, das heißt wohl, der Boss sollte den Leuten sagen, wo's langgeht.
- Eine Medienagentur will helfen, »Bücher zu kommunizieren«. Das soll vermutlich heißen, den Leuten irgendwie mitzuteilen, dass es ein bestimmtes Buch in der Buchhandlung gibt und man doch bitteschön dahin gehen solle, es zu kaufen.
- Besonders gerne wird in Personalabteilungen, die heutzutage Human Resources oder kurz HR heißen, kommuniziert, wahlweise »Ergebnisse«, »Herausforderun-

gen«, »Glaubwürdigkeit« oder »Wertschätzung«, um nur einige wenige Beispiele zu nennen.

Merken Sie etwas? Meyers Lexikon definiert Kommunikation wie folgt: »Bei der menschlichen Kommunikation handelt es sich um einen wechselseitig stattfindenden Prozess der Bedeutungsvermittlung.« Wechselseitig! Ich erinnere mich an meinen Physikunterricht. Dort hatten wir einmal »kommunizierende Röhren« behandelt. Dabei handelt es sich um nach oben offene und unten miteinander verbundene Gefäße. Füllt man eine Flüssigkeit ein, so steht sie in beiden Röhren gleich hoch. Sie gleichen sich in der Füllhöhe an.

In den oben genannten Beispielen für Kommunikation wäre das wohl anders: Da wäre die eine Röhre randvoll, die andere ziemlich leer. Wo kann ich denn der Bundesregierung erzählen, was ich von ihren Prioritäten (siehe dort) halte? Wenn die Vision ohnehin schon fertig ist, interessiert sich mein Boss dann noch für meine Meinung? Darf ich bei der Medienagentur anrufen und den Leuten dort erzählen, dass mich das betreffende Buch leider nicht interessiert? Hört mir überhaupt jemand zu?

Ich schätze, dass in der Hälfte der Fälle, auf denen »kommunizieren« draufsteht, in Wirklichkeit gemeint ist: Wir wollen den Leuten mal erzählen, was Sache ist. Und in der anderen Hälfte kann man den Begriff oft durch »miteinander reden« ersetzen. Jedenfalls ist nichts gewonnen, wenn ich im Internet zum Beispiel Tipps bekomme, wie ich »im Alltag mit Senioren kommunizieren« kann. Hier wird, wie so oft bei Blähdeutsch, ein einfacher Sachverhalt sprachlich bedeutungsschwer aufgeladen. Wer ein paar selbstverständliche Regeln des Anstandes und der

Höflichkeit berücksichtigt, sollte in der Lage sein, sich mit älteren Menschen zu unterhalten. Indem man einen solchen Akt aber sprachlich auf eine abstraktere Ebene hebt, wird der einzelne Mensch zum hilflosen Wesen degradiert, das ohne Unterstützung eine solche Aufgabe nicht mehr bewältigen kann.

Ich gebe zu, dass ich mich gelegentlich dazu hinreißen lasse, kleine Volksreden zu halten. Meine Freunde, wenn sie höflich und nett sein wollen, umschreiben das mit den Worten: »Markus ist recht kommunikativ!« Wenn sie nicht höflich und nett wären, würden sie sagen: »Er redet viel dummes Zeug.« In diesem Sinne dürfen Sie das Wort »kommunikativ« bei vielen Phrasendreschern verstehen.

Auch ich erliege der Verführung des Wortes »Kommunikation«. Als ich meine freiberufliche Tätigkeit beim Finanzamt anmelden wollte, hatte ich als Tätigkeitsfeld unter anderem »Kommunikation« angegeben. Meine Steuerberaterin hat es mir wieder gestrichen mit dem Kommentar: »Das akzeptiert das Finanzamt nicht! Das kann ja alles Mögliche bedeuten.«

Nachhaltigkeit

1987 veröffentlichte die Weltkommission für Umwelt und Entwicklung unter dem Vorsitz der norwegischen Ministerpräsidentin Gro Harlem Brundlandt einen Bericht, der unter dem Namen Brundlandt-Bericht bekannt wurde. Noch bekannter wurde allerdings der Begriff, den die Weltkommission darin prägte. Auf Englisch lautet er »sustainable development«. Dafür mussten sich die Übersetzer etwas überlegen. Das englische Wort »sustainable«

bedeutet dauerhaft, lange anhaltend. »Dauerhafte Entwicklung« hört sich aber etwas seltsam an. Man verfiel deshalb auf einen Begriff aus der Forstwirtschaft: nachhaltig. Nachhaltigkeit in der Forstwirtschaft bedeutet, dass in einem Wald nur so viele Bäume gefällt werden dürfen, wie an anderer Stelle nachwachsen.

Seitdem hat das Wort Karriere gemacht. Eigentlich kommt keine anständige Firma mehr ohne Nachhaltigkeit aus. Überall macht sich Nachhaltigkeit breit. Eine deutsche Hansestadt hat eine eigene Behördenabteilung unter diesem Namen gegründet. In jedes Leitbild hat die Nachhaltigkeit Eingang gefunden.

Es soll mit dem Begriff ausgedrückt werden, dass man irgendwie gut zur Umwelt ist. Außerdem ist das, was man für die Umwelt tut, keine Eintagsfliege. Wobei die eine oder andere Firma hier schon mal etwas vorbaut. Zur Not kann man sich damit herausreden, dass kurzfristige Missachtung des Umweltschutzes langfristig, also nachhaltig, für die Umwelt doch gut ist. So bedeutet für eine Schweizer Bank, in einem Mammutsatz gepackt, »Nachhaltigkeit ist das Erreichen von wirtschaftlichem Erfolg, indem die dem Unternehmen entgegengebrachten ökologischen, gesellschaftlichen und kommerziellen Erwartungen ernst genommen werden und in dem Entscheidungen getroffen werden, die ein angemessenes Gleichgewicht zwischen den heutigen und zukünftigen Bedürfnissen der Gesellschaft gewährleisten.« Mit anderen Worten: Wenn heute das große Geld mit einer Umweltschweinerei winkt (»wirtschaftlicher Erfolg«, »heutige Bedürfnisse der Gesellschaft«) kann man nach kurzem, seufzendem »Nun ja …« (»Erwartungen ernst genommen«) das Geschäft machen.

Es gibt fast nichts, über das sich nicht der Zuckerguss der Nachhaltigkeit gießen ließe. »Das Leitbild der Nachhaltigkeit muss auf der gesamten Wertschöpfungskette (dem Lebensweg) des Zementes vom Steinbruch bis zum Betonrecycling verfolgt werden«, radebricht ein deutscher Wirtschaftsverband. Auch der Computerhersteller Dell hat sich die Nachhaltigkeit auf die Fahnen geschrieben und pflanzt deshalb für jeden verkauften PC einen Baum. Das wäre eine glänzende Idee, wenn Computer aus Holz gemacht würden. Für jeden abgeholzten Baum, der sich in einen Laptop verwandelt, gäbe es dann einen neuen. Leider ist der Holzanteil am PC vernachlässigenswert gering, und die Rohstoffe, die man für seine Produktion braucht, wachsen nicht nach.

Auf den schwankenden Boden der Nachhaltigkeit kann man offenbar ganze Institute bauen, vor allem wenn man sie mit anderen Modebegriffen verbindet. So zum Beispiel: »Das Institut für kreative Nachhaltigkeit in der ufa-Fabrik Berlin ist eine interdisziplinäre Einrichtung, die dem Konzept der Nachhaltigkeit vor wissenschaftlich theoretischem Hintergrund auf kreative Weise praktische Gestalt verleiht.«

Auch im Nachbarland wird der Nachhaltigkeit ein ganzes Institut gewidmet. Das »Österreichische Institut für nachhaltige Entwicklung« setzt auf die bedenkenswerte Erkenntnis: »Lebendig, greifbar und damit nützlich wird das Konzept der Nachhaltigkeit, wenn es zu konkreten und immer wieder neu überdachten Anwendungen kommt.«

Leider findet sich kaum eine Stelle, wo Nachhaltigkeit konkret wird. Denn der Begriff ist ein Wort wie ein Kaugummi. Man kann ihn dehnen und strecken und stets bleibt er zäh.

Synergieeffekte

Wenn zwei Firmen verkünden, dass sie fusionieren wollen, dauert es nicht mehr lange, und durch die Flure geistert das Wort von den Synergieeffekten. Jede der beiden Firmen hat zum Beispiel eine eigene Personalabteilung. Aber wenn die Unternehmen zusammengelegt werden, dann braucht es natürlich nur noch eine Personalabteilung. Nicht selten fallen besagtem Synergieeffekt auch Mitarbeiter zum Opfer. Entlassen werden dann häufig Mitarbeiter mit geringer Verantwortung. Im Vorstand oder in der Geschäftsführung probiert man es hingegen mit einer so genannten Doppelspitze. Das bedeutet oft genug: zwei Chefs, die sich gegenseitig nicht ausstehen können. Irgendwann gibt einer von beiden zermürbt auf und bekommt sehr viel Geld, damit er nicht länger im Weg herumsteht.

Das gilt wie gesagt nur für die Großkopferten. Die anderen fallen dem Synergieeffekt zum Opfer. Er klingt eben besser als Personalabbau. Wenn man aber schon ein so ein schönes Wort hat, möchte man natürlich eine möglichst bedeutungsschwere Definition. Das Bundesministerium für Familie, Senioren, Frauen und Jugend (der Name deutet darauf hin, dass es sich hier selbst um das Ergebnis eines Synergieeffekts handelt) definiert im Internet den Begriff so: »Das Konzept der Synergieeffekte besagt, dass bei der Kombination zweier verschiedener Fähigkeiten mehr herauskommt als bei deren Addition.«

Das klingt hinreichend abstrakt und macht »Synergieeffekt« zu einem hervorragend geeigneten Begriff für Phrasen, wenn man ausdrücken will, dass Zusammenarbeit irgendwie besser ist. »Zusammenschluss dreier Unternehmen führt zu Synergieeffekt«, heißt es da zum Beispiel in der Überschrift einer Presseerklärung. Die drei Firmen, so der Text, »nutzen durch einen Partnervertrag die Möglichkeit, sich gegenseitig zu ergänzen.« Partnervertrag klingt ja nicht gerade wie Zusammenschluss. »Synergieeffekte sind für uns von großem Vorteil, weil wir unser Leistungsspektrum ausweiten und unseren Kunden einen noch besseren Service bieten«, erklärt der Geschäftsführer einer der drei Firmen in dem Pressetext. Nur, wo kommt denn nun die Synergie (Kombination statt Addition!) zum Tragen? Was machen diese Firmen eigentlich konkret? Dass die ganze Presseerklärung nur ein Griff in die Kruschtelkiste der Phrasendrescher ist, wird deutlich, wenn wir erfahren wollen, was diese Firmen den lieben langen Tag so tun: »Die Idee der Geschäftsführung war es, die Erfahrung der Agentur X in den Bereichen Werbung und Marketing und den persönlichen Service der Agentur Y, die sich darauf spezialisiert hat, stilvoll und kompetent individuelle Ideen aller Art zu verwirklichen, zu vereinen. Abgerundet wird das lebendige Gespann durch die Firma Z, deren Schwerpunkt in den Bereichen Software-, Hardware- und Datenbanklösungen liegt und somit einen interessanten Dienstleistungsmix auf allen Ebenen bieten kann.« Die eine Agentur macht also irgendwas mit Werbung und Marketing, die andere hat sich darauf *spezialisiert*, Ideen aller Art zu verwirklichen, und die dritte hat ihren *Schwerpunkt* auf alles gelegt, was mit Computern zu tun hat. Wenn diese drei Berge kreisen, muss natürlich ein Synergieeffekt dabei herauskommen.

Und so bläht der Synergieeffekt die einfachsten Tatsachen auf. Ein Maklerbüro verspricht eine »Gewerbeimmobilie mit Synergieeffekt«. Es handelt sich um ein Geschäftshaus, in dem es – wie in Geschäftshäusern so üblich – Läden, Praxen und Büros gibt. Mit der gleichen Logik könnte man ein Mehrfamilienhaus als »Wohnimmobilie mit Synergieeffekt« bezeichnen, schließlich muss es nur ein Treppenhaus geben (Kombination), statt dass jede Wohnung ihr eigenes Treppenhaus bekommt (Addition).

In Bayern gibt es einen »innovativen flexiblen Kinderbetreuung-Synergieeffekt«. Das ist eine Agentur für Tagesmütter, die gleichzeitig Tagesmütter ausbildet. Fein, aber nichts anderes als das, was jeder Handwerksbetrieb mit Auszubildenden macht.

Ein Backmittelhersteller verspricht einen »Synergieeffekt«, weil er zwei Wirkstoffe in einer Brötchenmischung zusammengeführt hat. Ein Gericht befindet, dass es sich in einem Fall der Zusammenlegung von Straf- und Disziplinarverfahren einen Synergieeffekt verspreche. Obgleich es für den Betroffenen wohl eher auf eine Addition der Strafen hinauslaufen dürfte.

In vielen Fällen klappt das mit dem Synergieeffekt sogar bei Firmenfusionen nicht. Weil sich die Mitarbeiter und Führungskräfte der fusionierten Firmen irgendwie »nicht riechen können«. Manche sprechen dann von »negativen Synergieeffekten«.

Bereich

Wenn mich jemand fragt, was ich so tue, antworte ich manchmal aus Übermut: »Ich bin im Bereich der Sprachkritik tätig.« Das klingt gut, denn niemand macht mehr etwas direkt. Fast alle Menschen sind in einem »Bereich« tätig. Würde ich sagen: »Ich betreibe Sprachkritik!«, mich nähme wohl kaum jemand ernst, obwohl ich glaube, dass es sich um eine hinreichend ehrenwerte Tätigkeit handelt. Sobald ich mich aber in einem Bereich tummele, adelt das meine Tätigkeit. Wer Büros putzt, erntet dafür, ungerechterweise, wenig gesellschaftliche Anerkennung. Ist er hingegen im »Bereich der Gebäudereinigung« tätig, klingt das schon viel mehr nach einer verantwortungsvollen Aufgabe.

Neulich lernte ich einen jungen Mann kennen, den ich im Verlauf der Plauderei nach seinem Beruf fragte. Ohne mit der Wimper zu zucken antwortete er: »Ich bin im Bereich des Oberbekleidungseinzelhandels tätig.« Der Mann war Verkäufer bei Peek & Cloppenburg. Es hatte für mich den Anschein, dass er sich für seinen Beruf schämt, obwohl es dafür keinen Grund gibt. Ebenso wenig wie der Kellner es nötig hat, von seinem Beruf als »einer Tätigkeit als Servicekraft im Gastronomiebereich« zu sprechen.

Besonders beliebt sind natürlich der IT-Bereich, der Marketing-Bereich, der Medienbereich und der Kommunikationsbereich, was soviel heißt wie irgendwas mit Computern, Marketing, Medien oder Öffentlichkeitsarbeit. Das liegt vermutlich daran, dass die Betroffenen erstens den meisten Laien ohnehin nicht so recht erklären können, was genau sie beruflich machen. Zweitens strahlen diese Branchen offenbar so viel Bedeutung aus, dass selbst jene, die von ihren Bereichsgrenzen gerade noch so berührt werden, ein kleines bisschen mehr Ehrfurcht ernten. Und so ist der junge Mann, der »im Fernsehbereich« beim SWR den Kameraleuten die Kabel hinterher trägt, nur einen winzigen Schritt vom Ruhm eines Fernsehstars

entfernt – der arbeitet schließlich auch nur im Fernsehbereich.

Ich habe einmal das Experiment gemacht und in einer
dreiseitigen Presseerklärung alle Erwähnungen eines
Bereiches gestrichen. Dem Gemetzel fielen acht Bereiche
zum Opfer. Nur ein einziges Mal musste ich das Wort
wieder einsetzen, weil der Sinn sonst verändert worden
wäre. Sieben überflüssige Bereiche also!

Teilnehmern meiner Seminare schlage ich hin und
wieder vor, genauso mit dem Rotstift auf die Jagd nach
Bereichen zu gehen. Die meisten finden das Ergebnis sehr
befriedigend und niemand vermisst in dem übrig blei-
benden Text irgendetwas. »Aber leider können wir das bei
uns in der Firma nicht machen«, sagen sie bedauernd. »Es
heißt eben so!«

Und so »bereichelt« es in allen nur denkbaren Varianten. Mein ehemaliger Chef hat ein besonders schönes
Beispiel gefunden. In einer Pressemitteilung teilt uns der
Münchner Verkehrsverbund (MVV) mit: »Der MVV hat
seine Pläne zur Optimierung und Beschleunigung in
allen Systembereichen vorgelegt.« Was werden wohl die
Systembereiche des MVV sein? Ich schätze: Busse und
Bahnen. Optimierung heißt, es soll dort besser werden.
Beschleunigung heißt, sie sollen schneller werden. Wie
wäre es also mit: »Der MVV plant, dass Busse und Bahnen schneller und komfortabler werden.« Wobei ich davon ausgegangen bin, dass »besser« im Zusammenhang
mit Bussen und Bahnen wohl komfortabler bedeuten
soll.

»Systembereich« gehört überhaupt zu meinen Lieb-
lingsphrasen. Durch die Hochzeit der zwei Begriffe »System« und »Bereich«, die alles nur Denkbare bedeuten

können, entsteht ein hoher Synergieeffekt (siehe dort). Der Begriff stammt aus der Informationstechnik. Dort mag er, als Fachwort, seine Berechtigung haben. Ich kenne mich da nicht genügend aus. Aber das Wort Systembereich ist inzwischen so etwas wie das »Maggi der Sprache« geworden: Man kann es überall dazugeben, wenn einem die »Sprachsuppe« misslungen ist. Es sorgt dafür, dass hinterher alles gleich schmeckt. Systembereich habe ich schon im Zusammenhang mit Uratomen, Gerichtsbarkeit, Oldtimern, einer Abwassersatzung, der Prozessleittechnik, Umweltschutz in den Alpen und Werbebriefen gefunden. Drei Phrasenwörter auf einen Streich schaffte eine Universität. Sie taufte ein Internetforum, in dem sich Studenten und Tutoren austauschen können, »Systembereich Kommunikation«.

Wer sich in so vielen unterschiedlichen Bereichen auskennt, muss ein wahres Genie sein. Er kann sich auf die Stellenausschreibung bewerben, bei der als wichtigste Voraussetzung »analytische Fähigkeiten für das Entwickeln neuer Lösungen im Systembereich« gefordert wird.

Konzeption

Werbeagenturen werden für »kreative Ideen« bezahlt. Das ist zwar ein Pleonasmus, aber kaum eine Agentur kommt ohne aus. Irgendwo müssen diese Ideen, seien sie nun zu Ende gedacht oder halbgar, gesammelt werden. Diese Sammlung nennen die Kreativen aller Agenturen »Konzeption«. Man könnte auch Konzept sagen, aber das klänge zu simpel. Konzeptionen sind das Ergebnis stundenlanger Brainstormings mit Volontären und Praktikanten und studentischen Hilfskräften. Man kann sich den Prozess der Konzeption in einer Agentur ungefähr so vorstellen:

Chef: Leute, wir müssen noch ne Konzeption für diese Glühbirnenfabrik vorlegen.

Seniorberaterin: Innovativer Leuchtstoffhersteller.

Chef: Also, die wollen irgendwie in die Zeitung. Was fällt euch so ein dazu?

Seniorberaterin wirft ein Powerpoint-Lichtbild an die Wand. Dort steht: »Konzeption für eine integrierte Kommunikationsstrategie.«

Praktikant (zögernd): Pressemitteilung?

Seniorberaterin erstellt eine Stichpunkt-Aufzählung. Erster Punkt: »Klassische Methoden der Öffentlichkeitsarbeit.«

Juniorberaterin: Pressekonferenz!

Seniorberaterin fügt ein: »Dialogorientierte Kommunikation mit den Massenmedien.«

Praktikantin: Vielleicht irgendwas im Internet. Wo die Leute auch was machen können.

Seniorberaterin fügt ein: »Web 2.0-basierte Internetkommunikation.«

Praktikant: Oder irgend so eine total abgefahrene Party, mit DJs und so. Wo die Leute mitmachen können.

Seniorberaterin fügt ein: »Inszenierung individueller Events mit Partizipationscharakter und innovativem Entertainment.«

Juniorberaterin: Sollten wir nicht auch ein paar Anzeigen in den Fachmagazinen schalten?

Seniorberaterin fügt ein: »Printbezogene B-2-B-Kommunikation.«

Praktikant: Und Spots im Fernsehen.

Seniorberaterin fügt ein: »B-2-C-Kommunikation in den elektronischen Medien.«

Chef: Fehlt noch was?

Juniorberaterin: Wir könnten die Kunden anrufen und fragen, ob ihnen noch eine Glühbirne fehlt.

Seniorberaterin fügt ein: »Maßnahmen des Dialogmarketings.«

Chef: Super, das reicht erst mal für eine Konzeption.

Seniorberaterin fügt ein: »Alle Maßnahmen müssen systematisch und zielgruppenadäquat im Rahmen einer integrierten Kommunikationsstrategie aufeinander abgestimmt werden, um den größtmöglichen Nutzen und Synergieeffekte zu erreichen. Als innnovative Full-Service-Agentur übernehmen wir gern die Implementation der angedachten Maßnahmen. Dazu definieren wir die Milestones im Prozess der Realisierung und arbeiten die Spezifikation der Kommunikationsphasen kompetent aus.«

Chef: Und tschüss!

In Konzeptionen werden die Projekte meist in Phasen aufgeteilt. In die Phasen gehören die Maßnahmen, also alles, was man so tun möchte. Maßnahmen sind grundsätzlich innovativ. Und sie sind natürlich immer aufeinander abgestimmt. Alle Phasen hintereinander nennt man Prozess. Prozesse sind stets langwierig. Dadurch kann die Agentur den Kunden möglichst lange an sich binden. Am Schluss eines Prozesses steht immer eine Nachbereitung. Damit kann die Agentur den Kunden noch länger an sich binden. An die Nachbereitung schließen sich Folgemaßnahmen an. Damit kann die Agentur den Kunden noch viel länger an sich binden. Selbstverständlich sollten die Folgemaßnahmen in einer neuen Konzeption zusammengefasst werden. Damit kann die Agentur ...

Konzeptionen sind wie Salatgurken. Salatgurken bestehen zu 98 Prozent aus Wasser. Die restlichen zwei Prozent sorgen dafür, dass sie zu einem langen, grünen Gemüse werden. Konzeptionen bestehen zu 98 Prozent aus Worthülsen. Die restlichen zwei Prozent sorgen dafür, dass man den Eindruck hat, etwas ganz Individuelles bekommen zu haben. Salatgurken sind immerhin noch gesund.

Vision und Mission

Es gibt inzwischen kaum noch ein Unternehmen, das auf eine Vision und Mission verzichten mag. Wem die Begriffe im Deutschen komisch vorkommen, sollte sie Englisch aussprechen. Das macht sich in der internationalen »business communication« ohnehin besser. Wir sprechen also von »vischän« und »mischän«.

Visionen haben schon länger Einzug gehalten in die deutsche Sprache. Konjunktur haben sie seit dem Aufkommen der Umwelt- und Friedensbewegung in den siebziger und achtziger Jahren des letzten Jahrhunderts. Der damalige Bundeskanzler Helmut Schmidt konnte sie noch mit den Worten abtun: »Wer Visionen hat, sollte zum Arzt gehen.«

Ursprünglich waren Visionen je nach Standpunkt Weissagung oder Halluzination. Von den Propheten der Bibel wird berichtet, dass sie in den Wüsten des Heiligen Landes, sei es aus Wassermangel oder durch göttliche

Eingebung, immer wieder mal Visionen hatten. Ergebnis solcher Visionen ist wohl auch die Offenbarung des Johannes, das abschließende Buch der Bibel. Darin kommt das berühmte Buch mit sieben Siegeln vor – nebst allerlei Engeln der Apokalypse. Bis heute hat niemand so recht verstanden, was uns die Offenbarung sagen will. Sie liest sich aber imposant, und man kann allerlei in den Text hineingeheimnissen. Der Text hat somit alle Eigenschaften, die auch heute Visionen auszeichnen.

Keine Vision ohne Mission. Meine Oma spendete früher bei jedem Kirchenbesuch ein paar Mark oder Pfennige für die Mission. Am Weltmissionstag steckte sie auch schon mal einen 20-Mark-Schein in den Klingelbeutel. Mit dem Geld wurden Priester bezahlt, die die frohe Botschaft in der Diaspora verkündeten. Weil die Kirche früher bei der Verkündung oftmals wenig zartfühlende Mittel angewandt hat, hat das Verb »missionieren« heute keinen guten Klang. Das Substantiv dazu heißt »Missionierung«. Die Menschen, die die Aufgabe übernommen haben, nennt man »Missionare«. Die Tätigkeit, die sie ausüben, ist die »Mission«.

Was um alles in der Welt haben also Unternehmen, Behörden, Institutionen, Verbände und wer auch immer mit Missionen zu tun? Ganz einfach: Hier war jemand zu faul zum Übersetzen. Weil's im Englischen »mission« heißt, wurde im Deutschen die Mission draus.

Vision und Mission sind bei den Unternehmen Schuttabladeplätze für Phrasen. Irgendwo muss der Sprachmüll ja hin, der sich in den unzähligen Meetings, Workshops und Brainstormings ansammelt.

In die Vision schreiben die Bosse, was die Firma gerne einmal werden möchte, wenn sie groß und stark ist. In die

Mission schreiben sie, dass sie das alles aber nur werden möchte, um dem Kunden zu dienen. Keine Mission kommt ohne die Versicherung aus, dass dieses Unternehmen sich von allen anderen auf der Welt dadurch unterscheidet, dass bei ihm »der Kunde im Mittelpunkt steht«. Dadurch steht er natürlich stets im Weg.

Zum Beispiel behauptet die Firma, bei der ich einen Telefonanschluss habe, dass es ihre Mission sei, mich als Kunden in ihren Mittelpunkt zu stellen. Kürzlich ergab sich ein kleineres Problem mit meinem Anrufbeantworter. Ich hatte nur eine kleine Frage, aber ich musste eine halbe Stunde im Internet auf der Homepage nach einer Telefonnummer suchen, unter der ich mit einem echten Menschen sprechen konnte. Der sagte mir dann, dass er auch nichts wisse, mir sowieso eigentlich nichts sagen dürfe, solange ich meine 28-stellige Kundennummer nicht auswendig und rückwärts aufsagen könne, er jämmerlich schlecht bezahlt werde, das Geld aber brauche, er eigentlich Soziologie im 18. Semester studiere und ich doch bitteschön eine E-Mail schreiben solle. Ich erhielte dann eine automatisierte Antwort, dass man sich um mein Problem ganz individuell kümmere. Schließlich sei man ein innovativer, serviceorientierter Anbieter. Danach würde ich von der Firma wochenlang nichts mehr hören. Das Problem habe ich nach langem Probieren lieber alleine gelöst.

Jeder von uns wird dutzende von Geschichten von Firmen erzählen können, deren Mission es ist, uns im Mittelpunkt herumstehen zu haben. In Wirklichkeit habe ich noch nie eine Firma getroffen, bei der der Kunde im Mittelpunkt stand. Im Mittelpunkt stand stets das Geld des Kunden.

Falls Sie selbst eine kleine Firma aufmachen wollen oder in einem der wenigen Unternehmen arbeiten, die noch keine Unternehmensberatung mit der Ausarbeitung von Vision und Mission beauftragt haben, bedienen Sie sich doch bitte aus meinem kleinen Setzbaukasten:

Für Ihre Vision:
Wir sind der weltweit/national/regional/lokal/in unserer Straße/in unserem Häuserblock führende Anbieter von innovativen Dienstleistungen/Technologien/Produkten der [...]-Branche. Wir stellen uns den Herausforderungen der Zukunft und sichern durch nachhaltige Qualität unsere Position im internationalen Wettbewerb. Wir streben nach einer steten Optimierung unseres Angebots und entwickeln Strategien zur Zukunftsfähigkeit unseres Unternehmens. Wir sind uns unserer sozialen und ethischen Verantwortung bewusst und treten für eine sinnvolle Balance aus nachhaltiger Entwicklung und wirtschaftlichem und technologischem Wachstum ein.

Für Ihre Mission:
Im Mittelpunkt unserer Arbeit steht der Nutzen für den Kunden. Wir wollen dem Kunden dienen, indem wir ihm innovative Lösungen für seine Herausforderungen bieten. Kompetente und umfassende Beratung sind uns wichtig. Unsere Kunden schätzen uns als zuverlässigen und serviceorientierten Partner. Aufträge erfüllen wir effizient, schnell und kompetent. Durch unser TQM (Total Quality Management) sichern wir jedem Kunden höchste Qualität.

Wir sind ein profitables Unternehmen und wachsen schneller als unsere Märkte. Wir bieten unsere Leistungen zu fairen, wettbewerbsorientierten Preisen an.

Innerhalb unseres Unternehmens legen wir großen Wert auf einen wertschätzenden Umgang miteinander. Unsere Führungskräfte achten die Individualität jedes einzelnen Mitarbeiters (Diversity Management) und motivieren durch Vorbild und Leistung. Die Mitarbeiter verpflichten sich, durch Leistung die Marktstellung des Unternehmens auszubauen und die Kundenzufriedenheit weiter zu erhöhen.

Falls Sie, lieber Leser, noch irgendwelche individuellen Wünsche für Ihre Vision und Mission haben, können Sie sich jederzeit an mich wenden. Dank meines innovativen Phrasenmanagements findet sich sicherlich eine Lösung für Ihre Herausforderungen.

Herausforderungen und Lösungen

Die Amerikaner sind ein sehr optimistisches Volk. Die Deutschen hingegen gelten gemeinhin als grüblerisch und griesgrämig. Jedenfalls grübeln sie am liebsten darüber, warum sie so griesgrämig sind. Im Fernsehen, in Zeitungen und im Internet klagen alle ziemlich griesgrämig darüber, dass es unserem Volke am gehörigen Optimismus mangele. »Die Deutschen sind zu pessimistisch«, sagt die Bundeskanzlerin in einem Interview mit der Tageszeitung *Die Welt.* »Der Deutsche an sich, so scheint mir, ist extrem pessimistisch veranlagt«, klagt eine Bloggerin aus Kassel. Eine Umfrage des Meinungsforschungsinstituts »Emnid« von Anfang 2006 ergab, dass die Deutschen »Pessimismus-Spitzenreiter« in Europa sind: Kein Volk des alten Kontinents sieht seine Zukunft düsterer als die Deutschen.

Gerne wird die Metapher vom Glas herangezogen, das nur bis zur Hälfte gefüllt sei. Ich bemühe mich stets um eine neutrale Formulierung des Füllgrades, denn sobald man ein Glas als halbleer identifiziert, gilt man ja als Miesmacher. Dabei ist es doch ganz einfach: Wenn das Glas vorher voll war, ist es hinterher halb leer. Wenn es vorher leer war, ist es hinterher halb voll.

Gern haben wir es auch, wenn uns Vertreter anderer Völker den Vorwurf machen, zu finster in die Zukunft zu blicken. »Die Deutschen sind zu pessimistisch. Hier ist das Glas immer halb leer, nie halb voll«, meint ausgerechnet der Brauereichef Alain Beyens in einem Zeitungsinterview. »Die Deutschen sind zu pessimistisch«, sagt der Chefvolkswirt der OECD, Jean-Phillipe Cotis. »Die Deutschen sind viel zu pessimistisch«, sagt ein südafrikanischer Gaststudent in Tübingen namens Willem Fourie. Kurzum: Alle sind sich einig, dass die Deutschen ein Volk der Griesgrämigen sind.

Was liegt also näher, als sich zumindest sprachlich ein Stück vom amerikanischen Optimismus unter den Nagel zu reißen? Zum Beispiel, indem man die »Probleme« eliminiert und stattdessen überall »Herausforderungen« erkennt. Im Englischen spricht man nämlich von »challenges«. Seitdem irgendjemand das erkannt und importiert hat, sind wir von Herausforderungen umstellt.

Früher endeten Herausforderungen oft tödlich. Der Arbeiterführer Ferdinand Lasalle starb nach einer Herausforderung ebenso wie der russische Schriftsteller Alexander Puschkin. Herausgefordert wurde man nämlich zu einem Duell. Diese Bedeutung klingt heute noch nach, wenn Raufbolde sich für einen Angriff mit den Worten rechtfertigen, der andere habe es oder sie ja herausgefordert.

Ansonsten fordern uns aber nur noch abstrakte Probleme heraus. »Eine der großen Herausforderungen des E-Business ist, dass für eine erfolgreiche Umsetzung verschiedene Kompetenzen und Ressourcen benötigt werden«, heißt es in einem Text über den Handel via Internet.

Stellen Sie sich das so vor: Auf der einen Seite Sie, auf der anderen Seite das E-Business. Beide sind mit ihren Adjutanten im Frühtau zur einsamen Wiese hinter der alten Kirche gekommen. Sie blicken in die kalten, unbarmherzigen Augen des E-Business. Sie legen die Pistolen an. Ein Schuss. Noch ein Schuss. Wer taumelt: Sie oder das E-Business?

Puschkin zum Beispiel hatte sich Duelle zum Hobby gemacht. Sollten Sie die Herausforderung des E-Business überlebt haben, dann setzen Sie zum Spaß einfach »Landwirtschaft«, »Abfallentsorgung«, »Brandbekämpfung« oder »Bierbrauen« ein und das muntere Duellieren kann weitergehen.

Ein Herausforderungssatz wie der obige ist den Phrasendreschern Gold wert. Er gilt immer. Wofür braucht man schließlich keine Mittel und Fähigkeiten?

Kürzlich rief mich eine PR-Agentur an, um mich zu einem Vortrag einzuladen. Ich war gerade mit etwas völlig anderem beschäftigt und so zum Zeitpunkt des Anrufs nicht ganz bei der Sache. »Wir brauchen noch einen Titel für den Vortrag«, meinte die junge Mitarbeiterin. »Äh, kann ich Ihnen den später sagen.« »Ach, ich würde die Einladung gerne gleich fertig machen. Hätten Sie nicht einen schönen Vortragstitel?« Ich war unvorbereitet und hatte noch keine Ahnung, was ich genau sagen wollte. Halb im Scherz meinte ich: »Wie wäre es mit ›Herausforderungen der Zukunft für die PR-Branche‹.« »Wunderbar.

Vielen Dank, Herr Reiter. Auf Wiederhören!« Zu meinem Erstaunen war der Vortrag einige Wochen später gar nicht mal schlecht besucht.

»Herausforderungen der Zukunft« sind universell einsetzbar. »Der Klimawandel ist eine der größten Menschheitsherausforderungen der Zukunft«, verkündet Angela Merkel. »Die Herausforderungen der Zukunft bestehen«, lautet der Untertitel eines Buches von Papst Benedikt. Es gibt »Herausforderungen der Zukunft« für die Verpackungsmaschinenindustrie und »Herausforderungen der Zukunft« der Senioren-Union und »Herausforderungen der Zukunft« in Personalwirtschaft, Verkehrsraumgestaltung und der altsprachlichen Gymnasialausbildung.

Was macht man nun mit all diesen Herausforderungen? Am besten, man stellt sich ihnen, wenn's geht »mit Entschlossenheit« oder »mit Optimismus«. Oder man sucht Lösungen. Lösungen sind ebenfalls eine Übersetzung aus dem Englischen. Dort spricht man von »solutions«. Jeder, der in den angelsächsischen Ländern einer »challenge« nicht mit einer »solution« zu Leibe rückt, gilt als destruktiv. Die Lösung für die Herausforderungen des Pessimismus sind für die Deutschen innovative, effektive, maßgeschneiderte, professionelle, optimale, zukunftssichere und anspruchsvolle Lösungen.

Eine PR-Agentur für die Sanitärbranche behauptet, sie »bringe das Wissen mit, das aus Herausforderungen Lösungen macht.« »Besondere Herausforderungen verlangen spezielle Lösungen«, klärt uns ein Hersteller von Druckern für Computer auf. »Wir sind ein Anbieter von Lösungen«, verkündet ein Unternehmen der Abfallwirtschaft, was berechtigterweise nur ein Chemieunternehmen behaupten könnte. Die Scientologen versprechen, ihr

Gründer, der Science-Fiction-Autor L. Ron Hubbard, habe »praktische Lösungen für die Herausforderungen des 21. Jahrhunderts.«

Kürzlich habe ich mir ein Computerprogramm gekauft. Der Anbieter versprach auf der Packung, dieses Programm biete »innovative und maßgeschneiderte Lösungen für die Herausforderungen Ihrer Buchhaltung.« Leider lief es nicht ganz so rund wie versprochen. Nach der Installation auf meinem Rechner hatte ich nichts als Probleme.

Prozesse und Projekte

Früher war das ungefähr so: Es gab etwas zu tun. Die Leute überlegten sich, wie sie die Sache anpacken könnten. Sie sprachen miteinander ab, wer was tun sollte. Dann legten sie los. Wenn sie fertig waren, freuten sie sich.

Heute hat, wer so einfach denkt, die Rechnung ohne die Phrasendrescher gemacht. Heute müssen Sie in Projekten und Prozessen denken. Eine Firma, die Beratung rund um den Computer anbietet, erklärt uns warum: »Um die Arbeit oder die Aufgaben von mehreren Personen mit überlappenden Tätigkeitsbereichen oder den Ablauf eines Projekts optimal zu gestalten und zu koordinieren, ist eine strukturierte Herangehensweise in Form von Prozessen von Vorteil.« Was bedeutet dieser Satz? Gehen wir bei der Übersetzung Schritt für Schritt vor. Mehrere Leute sollen etwas tun (Arbeit oder Aufgabe von mehreren Personen). Das, was jeder Einzelne zu tun hat, hängt entweder zusammen (überlappende Tätigkeitsbereiche) oder das eine folgt aus dem anderen (Ablauf eines

Projektes). Damit alles klappt, sollten sie nicht wirr durcheinander handeln, sondern sich vorher überlegen, was sie tun (strukturierte Herangehensweise). Wie sie das machen, ist noch nicht ganz klar, aber wir nennen es einfach »Prozess«.

Die Phrasendrescher dieser IT-Firma sind aber noch nicht am Ende. Der nächste Satz lautet: »Auch wir haben für uns festgestellt, dass klar definierte Prozesse die Grundlage eines optimalen und verlustfreien Arbeitens in jeder Umgebung darstellen, mit dem Sie als Kunde rundum zufrieden sind.« Hier paart sich Phrasendrescherei mit sprachlichem Unvermögen. Warum hat die Firma ihre Erkenntnisse nur für sich und offenbar nicht für andere gewonnen? Welchen Verlust könnte ich beim Arbeiten erleiden? Und warum glauben diese Leute, ich käme auf die Idee, unklar definierte Prozesse könnten genauso gut die Grundlage optimalen Arbeitens sein? Was besagt nun dieser Satz? In etwa dies: »Wir haben herausgefunden, dass es sich besser arbeitet, wenn man vorher festlegt, wie man vorgehen möchte.« Das ist sehr richtig, rechtfertigt aber den ganzen sprachlichen Aufwand nicht.

Prozesse und Projekte gehören zu den Standardfloskeln in jedem Unternehmen. Unzählige Arbeitsstunden gehen für Prozess- und Projektmanagement drauf. Weitere wertvolle Arbeitsstunden verrinnen in Sitzungen (das deutsche Wort ist da wesentlich anschaulicher als das englische »Meeting«), in denen Prozesse und Projekte besprochen werden, statt zu tun, was zu tun ist.

Am Anfang sind alle Prozesse und Projekte komplex. Weil sie so komplex sind, muss man lange darüber reden. Außerdem muss einer ausgeguckt werden, der sie managet, der Projektmanager. Da Prozesse offenbar von Natur aus zur Fülligkeit neigen, muss er dafür sorgen, dass sie schlank werden.

Damit scheinen sie erfolgreich zu sein. Es sieht geradezu danach aus, als sei unter den Prozessen die Magersucht ausgebrochen. Deutsche Vertriebsingenieure trafen sich laut *Handelsblatt* im Oktober 2007 auf einem Kongress, wo sie zu der Erkenntnis gelangt sind: »Die Zeit ist reif für schlanke Prozesse in Service und Vertrieb.« Im Gesundheitswesen sind schlanke Prozesse ebenso gern gesehen wie in der Baubranche, bei Sparkassen und im Büro. Phrasendrescher, denen Prozesse zu popelig sind, sprechen inzwischen lieber vom Workflow (manche sagen auch Workflow-Prozesse). Schlank wird der Workflow durch Lean Management, was aber nicht auf Kosten des Total Quality Managements (TQM) gehen darf. TQM bedeutet auf Deutsch: Wir machen keinen Murks!

Meine Erfahrung mit allerlei Produkten und Dienstleistungen, für die ich in letzter Zeit viel Geld ausgegeben habe, ist allerdings, dass Qualität nicht selbstverständlich ist. Mir scheint, sie ist eher ein Prozess. Und, was meine neue Telefonanlage angeht, ein ziemlich schlanker.

Management

Als ich das erste Mal in den Vereinigten Staaten war, wunderte ich mich darüber, dass dort jeder, der in einer Firma etwas erledigt, ein Manager ist. Leute, die wichtig sind, heißen dort mindestens Präsident, und sei es auch nur ein »Junior Vice President«. Bei uns hingegen gelten Manager noch immer als Führungskräfte. Manchmal auch als Nieten in Nadelstreifen. Aber immerhin in

Nadelstreifen. Dies ist jedoch im Begriff, sich zu ändern. Weil sich Management als wunderbar euphemistische Phrase für alles eignet, was auf irgendeine Weise koordiniert und getan werden muss, wabert das Wort durch die Sprache und hinterlässt in allen Branchen seine Spuren.

Wenn ein neuer Chef kommt und alles über den Haufen werfen will, ruft er das Change Management aus. Falls es etwas länger dauert, auch gerne den »Change-Management-Prozess«. Dieser wird mit der Fanfare »Den Wandel erfolgreich gestalten« angekündigt. Er könnte zum Beispiel verkünden: »Der strukturelle Wandel in der Arbeitswelt erfordert heute permanente Innovationen von und in Unternehmen. Der Prozess des Change-Managements als Führungsaufgabe erlaubt, diesen Wandel nicht nur zu akzeptieren, sondern ihn aktiv mitzugestalten. Change-Management ist eine bewusste Steuerung, die klar definierte Strategien für die globalen Herausforderungen der wirtschaftlichen Umwälzungen auf allen Märkten sucht. Die Umsetzung des Change-Managements erfolgt durch eine systematische Maßnahmenplanung, die für einen effizienteren Workflow und eine marktgerechte Positionierung des Unternehmens sorgt.«

Ich könnte endlos mit diesen aus dem Internet zusammengeklaubten und neu zusammengesetzten Phrasen weitermachen. Deshalb verzichte ich darauf und schaue mich lieber weiter nach brachliegenden Managementphrasen um.

Mein Bankberater zum Beispiel, der sich dankenswerterweise darum bemüht, mein bescheidenes Vermögen zu vermehren, betreibt Asset-Management. Hätte ich ein bisschen mehr Geld, böte man mir wohl Wealth-Management an. Das kann man sogar als Masterstudiengang an der Hochschule des Fürstentums Liechtenstein studieren. Sollte es beim Geldvermehren zu moralischen Bedenken kommen, kann man noch ein Studium des Werte-Managements in Konstanz draufsetzen.

Bei der Heilsarmee und im Altenheim hingegen bevorzugt man das Social-Management. Sollte ich ins Krankenhaus kommen, beginnt mit meinem Empfang dort das Case-Management. Ist die Krankheit schlimmer, wird das ganze zum Disease-Management. Als ich neulich für eine Zeitschrift einen Artikel über Krankenschwestern schrieb, die die Wunden ihrer Patienten versorgen, wurde ich belehrt, dass es sich dabei um »Wund-Management« handelt.

Wenn in der Firma der Aufzug verdreckt ist oder die Heizung nicht mehr funktioniert, wenden Sie sich am besten nicht mehr an den Hausmeister, sondern an den Facility-Manager. Wenn Sie Glück haben, hat der Ahnung von der Sache, was am Wissensmanagement der Human-Resources-Abteilung der Hausverwaltung liegen kann.

Wenn das alles als Kapitel in diesem Buch erscheint, liegt das übrigens daran, dass ich fleißig Content-Management betreibe, wozu mich ein innovatives Content-Management-System (CMS) befähigt. Sie sehen: Management besteht den Lackmustest der Phrasendrescherei mit Leichtigkeit, es lässt sich nämlich hervorragend mit anderen Phrasen verbinden.

Priorität

Kürzlich machte in der RTL-Vorabendserie »Alles, was zählt« einer der Hauptfiguren seiner künftigen Frau folgende Liebeserklärung: »Für dich da zu sein und für dich zu sorgen, ist meine oberste Priorität.«

Sprechen Sie inzwischen auch schon so mit Ihrem Partner, wenn es um Ihr Beziehungsmanagement geht? Dann hat sich der Jargon der Phrasendrescher bei Ihnen eingenistet. Inzwischen werden nämlich überall Prioritäten gesetzt. Wer möchte seine Zeit schon mit Unwichtigem verschwenden?

Ein Blick in den etymologischen Duden belehrt uns, dass Priorität vom französischen Begriff »priorité« kommt, der sich wiederum aus dem mittellateinischen *prioritas* ableitet. Dieselbe Wortwurzel hat der Prior, der Klostervorsteher. Im Phrasendeutsch bedeutet Priorität, dass etwas ganz, ganz wichtig ist und deshalb vor allen anderen Aufgaben erledigt werden muss. Das Problem, oder sagen wir lieber »die Herausforderung« (siehe dort), liegt darin, dass für den Phrasendrescher alle Dinge, mit denen er sich beschäftigt, ganz, ganz wichtig sind. Dies gilt besonders für Politiker. Hier eine Liste von Themen, die nach Aussage diverser Politiker alle Priorität haben und deshalb vor allen anderen angepackt werden müssen: Familienfreundlichkeit, Klimaschutz, Wissenschaft und Forschung, Bildung, innere Sicherheit, äußere Sicherheit, Gesundheitsversorgung der Bevölkerung (vor allem bezahlbare), Technologien für die Informationsgesellschaft, Arbeitsplatzsicherheit, Dialog mit der arabischen Welt (der hat sogar »Top-Priorität«, findet der Präsident des Europäischen Parlamentes), Beschäftigung, Wirtschaftswachstum, die Bekämpfung der illegalen Immigration, die Integration von Zuwanderern, aktiver Lärmschutz, die Bekämpfung der Jugendarbeitslosigkeit, die Tibet-Frage, der Hochwasserschutz, das Miteinander der Generationen, der Flughafenausbau in Kassel-Calden und die Erweiterung des Kindergartens in Kirchenweinberg.

Diese kleine Liste ist nur eine winzige Ausbeute eines kurzen Streifzugs durchs Internet auf der Suche nach sämtlichen Prioritäten der Republik. Es liegt nahe, dass bei so vielen Prioritäten kaum noch jemand Zeit hat, sich um die Sachen selbst zu kümmern. Schließlich kostet das »Prioritätenmanagement« schon genug Schweiß.

Wellness

Bachblütentherapie, Balancing, Balneotherapie, Bewegungstherapie, Bikram-Yoga, Bindegewebsmassage, Bio-Lifting, Bioenergetik, Biofeedback, Biosauna, Blütenpool, Body-Wrapping, Brainlight-Synchro-Studio, Bürstenmassage.

Hierbei handelt es sich um eine Aufzählung von Begriffen mit dem Anfangsbuchstaben B in einem Wellness-Lexikon im Internet. Neben der Kommunikationsbranche ist die Wellnessbranche der größte Produzent von Phrasen und Wortmüll. Mit der Kommunikationsbranche hat sie gemein, dass durch die Phrasendrescherei einfache Sachverhalte veredelt werden sollen. Man kann das am besten an Wörtern aus der obigen Aufzählung klarmachen.

Nehmen wir »Brainlight-Synchro-Studio«. Das Online-Lexikon bietet als Erklärung an: »Mit dieser Behandlung erleben Sie pure Tiefenentspannung. Durch die Wahrnehmung von Geräuschen und Lichteffekten in einer entspannten Körperhaltung wird eine Art Schwebezustand erreicht.« Mit anderen Worten: Irgendwo fiept und zirpt es. Das Licht ist gedämpft und Sie dösen ein bisschen ein.

Body-Wrapping wird uns als Körperwickel (so lautet nämlich das deutsche Wort) aus Algen, Mineralschlamm oder Heilerde erklärt.

Bioenergetik: »Eine Methode zur Stärkung der Vitalität, der Wahrnehmung der eigenen Körpersignale und des Selbstwertgefühls. Es werden Übungen zur Haltung, Beweglichkeit, Ausdruck und Kontakt mit sich und anderen in Einzel-, Partner und Gruppenarbeit durchgeführt.« Also so etwas wie Gymnastik.

»Balancing ist das Ziel aller Wellness-Aktivitäten. Ausgleich durch ein ausgewogenes Verhältnis von Belastung und Erholung. Gewinn der ›Mitte‹.« Wellness-Aktivitäten ist ein schönes Beispiel für die inflationäre, sinnlose Verwendung des Begriffs »Aktivitäten«. Selbst wenn es darum geht, einmal nichts zu tun, ist das schon wieder eine Aktivität. Der Rest der Definition entführt den Leser ins Wellness-Reich des Wabernden und Ungewissen.

Wer Angst hat, das Wohlfühlen könnte durch irgendetwas gestört werden, versichert lieber gleich, es handle sich bei seinem Angebot um »Wellness pur«. Diese findet ihren Ort in der »Wellness-Oase«. »Wellness-Oasen« dürfte es inzwischen mehr geben als Wellness-Wüsten. Jedes piefige Sonnenstudio an der Durchfahrtsstraße zum Industriegebiet ist inzwischen eine Wellness-Oase. So wie das Kosmetikstudio Heike in der Nähe von Lohr am Main, das besser als »Wellness & Beauty-Oase« fungiert hätte. Eine Ratgebersendung im ZDF verrät uns, wie wir unser Badezimmer in eine Wellness-Oase verwandeln können. Selbstverständlich können auch das Wohnzimmer und das Schlafzimmer zur Wellness-Oase werden, meldet das Manager-Magazin. Nur das Arbeitszimmer bleibt wellnessfrei. Es heißt aber jetzt work@home. Wem die Oase nicht reicht, der schafft gleich ein Paradies. Die Tourismuszentrale von Nordrhein-Westfalen hat sogar das ganze Bundesland zum »Wellness-Paradies« ausgerufen. Es konkurriert mit dem Wellness-Paradies Bulgarien. Man ist etwas besorgt über die öffentliche Moral in Bulgarien und an Rhein und Ruhr, wenn man erfährt, dass es ein »Erotik-Wellness-Paradies« in Dinslaken gibt, in dem uns junge Damen mit innovativen Dienstleistungen erwarten, »vom 1000-Volt-Teenie-Luder bis zur langbeinigen, vollbusigen Blondine«, damit wir »unvergessliche Liebesabenteuer in einem geschmackvoll und luxuriös gestylten Ambiente« genießen können.

Vor einigen Jahren, ich war damals Reporter bei einer Publikumszeitschrift, informierte mich der Deutsche Sportbund über eine neue Trendsportart. Sie hieß »Rope Skipping«. Offen gestanden war Rope Skipping noch gar keine Trendsportart, aber der Deutsche Sportbund hoffte, sie durch solche Informationen an die Presse dazu zu machen. Ich meldete mich probeweise zu einem Kurs an. Was mich erwartete? Seilspringen. Denn nichts anderes, sprachlich aufgeplustert, ist Rope Skipping.

Vielleicht erinnern Sie sich an das Zirkeltraining im Turnunterricht. Sie gehen von Gerät zu Gerät und machen dort Ihre Übungen. Später nannten die Phrasendrescher der Fitnessbranche das Gleiche »Circuit Training«. Dies schien ihnen wohl klanglich noch zu nahe am Zirkeltraining. Jetzt begegnet mir das gute alte Zirkeltraining als »Switch Training«.

Nicht alle lassen sich auf solche Blähsprache ein. Der Schweizer Unternehmer Werner Kieser, Gründer der

Kraftstudio-Kette »Kieser-Training«, beklagt die Phrasendrescherei seiner Branche: »Wie jede Branche benutzt die Gesundheitsbranche Modewörter im Überfluss und ist reich an sprachlichem Imponiergehabe, ganze Spukwelten werden damit geschaffen.« Kieser hat deshalb für alle Mitarbeiter ein Unwörterbuch zusammengestellt. »Fitness« und »Wellness« sind darin aufgeführt. Mit der Sprache sei es wie mit dem Bewegungsapparat. »Was nicht gepflegt wird, das verkommt.« Ich trainiere jetzt seit einigen Jahren bei Kieser. Inmitten der Wellness-Oase Deutschland sind wellnessfreie Orte wahre Oasen.

Amerika, Amerika:
Einige Gedanken zu den Anglizismen

Die deutsche Sprache ist den meisten Phrasendreschern suspekt. Sie hegen nicht zu Unrecht den Verdacht, dass die Menschen die Dürftigkeit ihrer Gedanken verstünden, wenn sie in Deutsch geäußert würden. Also flüchten sie in die englische Sprache. Schon 1930 schrieb Kurt Tucholsky über die Sprachmarotte, dass alles »hundertprozentig« sei: »Es muß eine Schicht der schlimmsten Halbbildung sein, die das aufgebracht haben, ganz recht: Amerika.« Wobei die Amerikaner in den meisten Fällen unschuldig sind. Sie sprechen ja Englisch. Schuld sind die deutschen Popanze, die zu faul und zu arrogant sind, sich klar auszudrücken.

Über Denglisch, also jene Mischung aus Deutsch und Englisch, ist schon viel geklagt worden. Ich glaube, dass die deutsche Sprache die Invasion der Anglizismen überleben wird. Deutsch wird von etwa 105 Millionen Menschen in Europa als Muttersprache gesprochen. So eine Sprache verschwindet nicht mal eben von der Landkarte wie irgendein afrikanischer Stammesdialekt mit ein paar Tausend Sprechern. Deutsch wird sich unter dem Einfluss des Englischen verändern, wird neue Worte auf- und die eine oder andere grammatische Struktur übernehmen. So beobachte ich in der gesprochenen Sprache – übrigens auch bei mir selbst – immer öfter eine Hauptsatzstellung nach dem Bindewort »weil«. Viele Deutschsprechende sagen nicht mehr, wie es korrekt wäre: »Ich habe den Anfang des Films verpasst, weil ich durch einen Stau aufgehalten wurde.« Sondern sie sagen: »Ich habe den Anfang des Films verpasst, weil ich bin durch einen Stau aufgehalten worden.« Damit kopieren sie den englischen Satzbau nach »because«.

Weitere Manien aus dem Englischen haben sich des deutschen Sprachgebrauchs bemächtigt. Darüber, dass bei uns Dinge »einen Sinn machen«, haben schon viele geklagt. Die Formulierung kommt vom Englischen »to make sense«. Auf Deutsch hieß es bislang »Sinn ergeben« oder »Sinn haben«. Immer öfter höre ich, dass etwas »einmal mehr« geschehe. Auch das ist eine Wort-für-Wort-Übersetzung des Englischen »once more«. Früher hätte man eher »erneut« oder »wieder einmal« gesagt. Ich finde solche schlechten Übersetzungen nicht schön. Aber das ist eine persönliche Meinung. Ich hab's halt anders gelernt und künftige Generationen werden gar nicht mehr merken, woher diese Redewendungen kommen. So war das immer, und so wird es in Zukunft sein.

Ob damit nun das Ende der deutschen Sprache in ihrem Glanz und ihrer Schönheit eingeleitet wird, wage ich zu bezweifeln. Apokalyptische Warnungen sind meist fehl am Platze. Der Philosoph und leidenschaftliche Sprachkritiker Arthur Schopenhauer schrieb um die Mitte des 19. Jahrhunderts: »Wenn dies so fortgeht, so wird, über 100 Jahre, die deutsche Sprache, in der unsere Klassiker geschrieben haben, eine todte seyn, und statt ihrer in Deutschland ein wortarmer und grammatisch ungelenker Jargon (…) geredet werden.« Wenige Jahre nach Schopenhauers Tod wirkten Thomas Mann und Rainer Maria Rilke, blühte das, was wir heute die klassische Moderne in der Literatur nennen.

Die Angst vor der Überfremdung der Sprache ist sogar noch älter als Schopenhauers Klage. Sie ist auch nicht auf die deutsche Sprache beschränkt. Der mexikanische Präsident hat vor einiger Zeit eine Kommission zur Reinhaltung des Spanischen vor Anglizismen ins Leben gerufen. Und selbst die Engländer machten sich vor fast 500 Jahren schon Sorgen. Der englische Gelehrte Sir John Cheke schrieb 1561: »Our own tung shold be written cleane and pure, vnmixt and vnmingeled with borowing of other tunges.« (»Unsere Sprache sollte rein und sauber geschrieben werden, nicht vermischt und durchgerührt mit Anleihen aus anderen Sprachen.«)

Im August 1617 gründeten während des Begräbnisses der Herzogin Dorothea Maria von Sachsen-Weimar einige Adlige die »Fruchtbringende Gesellschaft« als eine Gesellschaft zur Sprachpflege. Ihr Zweck war »bei dem bluttriefenden Kriegsjammer unsre edle Muttersprache, welche durch fremdes Wortgepränge wässerig und versalzen worden, hinwieder in ihre uralte gewöhnliche und angeborne deutsche Reinigkeit, Zierde und Aufnahme einzuführen, einträchtig fortzusetzen und von dem fremd drückenden Sprachenjoch zu befreien.« Zu ihren 890 Mitgliedern zählten viele Adlige, Schriftsteller und Wissenschaftler wie die Barockdichter Andreas Gryphius, Martin Opitz und Philipp von Zesen.

Besonders von Zesen (1619–1689) machte sich daran, fremdsprachige Lehnwörter ins Deutsche zu übersetzen. Auf ihn geht unter vielen anderen die Anschrift (statt Adresse)* zurück, der Augenblick (statt Moment), der Emporkömmling (statt Parvenü), der Kreislauf (statt Zirkulation), der Freistaat (statt Republik) und der Nachruf

---

* Interessanterweise schrieb Karl Kraus 1921 eine flammende Verteidigung der »Adresse« und erklärte, warum sie der »Anschrift« vorzuziehen sei.

(statt Nekrolog). Anderes hat sich nicht durchgesetzt: Leuthold (statt Patriot), Dörrleiche (statt Mumie) oder Meuchelpuffer (statt Pistole). Es fällt auf, dass die erfolgreichen Eindeutschungen die Fremdwörter nicht verdrängt haben. Beide existieren noch heute nebeneinander. Das macht die Sprache reicher. Der verstorbene britische Germanist Eric A. Blackall von der Cornell Universität (US-Bundesstaat New York) merkt allerdings an, dass sich die Unzufriedenheit mit dem Zustand der Sprache, die sich in der Gründung der »Fruchtbringenden Gesellschaft« äußerte, in der Tat fruchtbringend gewesen sei. »Man kann sich des Gefühls nicht erwehren, dass ohne diese Epoche der Unzufriedenheit sich die deutsche Sprache niemals zu dem entwickelt haben würde, was sie dann tatsächlich wurde«, nämlich eine »Literatursprache von unermesslichem Reichtum und höchster Feinheit«.

Fremdwörter sind nicht ihr größtes Problem. In den Romanen von Theodor Fontane, einem der größten Stilisten des Deutschen, fallen dem Leser zahlreiche Fremdworte aus dem Französischen auf. Gallische Fremd- und Lehnwörter waren wegen der kulturellen Dominanz der Franzosen zu Fontanes Zeit sehr beliebt. Übrigens auch solche, die nur noch entfernt an das Französische erinnern.

Alles, was mit Eisenbahn und Postwesen zu tun hatte, war im späten 19. Jahrhundert mit französischen Fachbegriffen belegt, so wie heute alles, was mit Computern zu tun hat, englische Fachbegriffe hat. Die deutsche Sprache hat diese Gallizismen ausgehalten. Übrigens sind sie auch ein Beweis dafür, dass Eindeutschungen erfolgreich sein können. »Bahnsteig« hat Perron fast vollständig verdrängt und »Briefumschlag« ist heute viel gebräuchlicher als Kuvert.

Fremde Eroberer, seien sie kulturell, technisch oder militärisch, hinterlassen stets in der Sprache der Eroberten ihre Spuren. Das Englische wäre heute nicht die Sprache mit dem reichsten Wortschatz der Welt, hätte sich nicht über die Jahrzehnte und Jahrhunderte das frühe Französisch der normannischen Eroberer mit dem Angelsächsisch der Briten verbunden. Das Angelsächsische selbst wiederum war eine Mischsprache.

99 Prozent der Wörter, die heute im Oxford English Dictionary aufgeführt werden, sind Lehnwörter aus anderen Sprachen als dem Alt-Englischen. Jene wenigen Wörter aber, die auf altenglische Wurzeln zurückgehen, machen allerdings über 60 Prozent der am meisten verwendeten Wörter aus. Das Deutsche ist ein wenig, aber nicht wesentlich resistenter geblieben als das Englische. Es ist heute in beiden Sprachen unmöglich, einen halbwegs gebildeten Satz ohne Lehnwörter zu formulieren.

Und selbst in Alltagsreden finden sich unzählige fremde Spuren. Eine kleine Anekdote aus der deutschen Sprachgeschichte mag dies verdeutlichen: Man spricht heute noch umgangssprachlich davon, keine Fisimatenten zu machen. Dabei handelt es sich um verballhorntes Französisch. Während französischer Besatzung ermahnten die Mütter ihre Töchter mit diesem Spruch. Die fremden Soldaten forderten die schönen Mädels nämlich auf der Straße auf: »Visitez mon tente!« (Besuchen Sie mein Zelt.) Daraus wurden die Fisimatenten.*

Kompromisslose Sprachkritiker empfinden es als besonders störend, wenn englische Wörter grammatisch

---

* Der Etymologie die Ehre: Es gibt noch andere Theorien. Aber diese finde ich am schönsten.

wie deutsche behandelt oder mit deutschen kombiniert werden. Sie sollten sich im Gegenteil darüber freuen: Solange die deutsche Grammatik fremdsprachige Vokabeln vereinnahmen kann, hat sie noch ausreichend Kraft. Sie macht aus Fremdwörtern deutsche Wörter. Deshalb sind »gejoggt« und »recycelt« keine Belege für den Niedergang der deutschen Sprache, sondern für ihre Lebendigkeit. »Die Gewalt einer Sprache ist nicht, dass sie das Fremde abweist, sondern dass sie es verschlingt«, heißt es bei Goethe in den »Maximen und Reflektionen«.

Griechisch, Latein, Arabisch, Jiddisch, Russisch, Französisch, Italienisch und viele weitere Sprachen haben das Deutsche bereichert. Für jedes Wort, das die Ausdrucksmöglichkeiten einer Sprache vergrößert, sollte man dankbar sein. Kurt Tucholsky schrieb 1930, man solle zwischen zwei Typen von Menschen unterscheiden, die sich der Fremdwörter bedienten: »den Bildungsprotzen, die sich damit dicke tun wollen, und den Schriftstellern, die zwischen ›induktiv‹ und ›deduktiv‹ unterscheiden wollen und diesen Denkvorgang mit Worten bezeichnen, die geschichtlich stets dieser Bezeichnung gedient haben.« Es geht also nicht darum, dem Ingenieur, dem Programmierer oder dem Marketingexperten seine anglizistisch gefärbte Fachsprache zu verbieten. Solange sie präzise ist, also dem besseren Verständnis dient, ist sie sogar vorzuziehen. Die Phrasendrescher aber bedienen sich des fremdsprachigen Ausdrucks, weil sie die Wahrheit verschleiern, weil sie bewusst *unklar* und *unpräzise* bleiben wollen.

Die Kritik an den Anglizismen richtet sich also gegen das Verschleiernde. »Wenn ohne Not der Erfolg von Kommunikation gefährdet oder ganze Bevölkerungsgruppen vom gesellschaftlichen Leben ausgegrenzt werden, ist Protest angebracht. Nicht nur die Rentnerin verliert im pseudoglobalen Marketingjargon den Überblick«, schreibt der Koblenzer Linguistik-Professor Michael Klemm. Es geht um Verständlichkeit, nicht um Sprachreinheit.

Unternehmen sollten ein Interesse daran haben, Anglizismen und englischsprachige Werbesprüche zu vermeiden. Die Kölner Agentur Endmark hat im Jahr 2006 eine Studie zum Verständnis englischsprachiger Werbebotschaften erstellt. Schon in einer früheren Untersuchung drei Jahre zuvor hatten sich kuriose Missverständnisse aufgetan. So interpretierten Testpersonen den Spruch »Come in and find out« (»Komm herein und entdecke«) als »Komm rein und finde wieder raus«. Mitsubishis »Drive Alive« (»Lebendiges Fahren«) kam als »Die Fahrt überleben« an. Die jüngste Studie liefert erneut Beispiele von falschen Übersetzungen, die zeigen, wie Unternehmen mit englischsprachigen Werbebotschaften auf die Nase fallen können. Immerhin 58 Prozent übersetzten »impossible is nothing« (Das soll »Nichts ist unmöglich« heißen, lautet aber wegen der im Englisch falschen Wortstellung wörtlich übersetzt »Unmöglich ist ein Nichts«) falsch, zum Beispiel mit »ein imposantes Nichts«. Diese Interpretation dürfte den Marketingstrategen wohl kaum gefallen.

»Fly Euro Shuttle« (Fliege mit dem europäischen Pendeldienst) der Fluggesellschaft Air-Berlin wurde verstanden als »Schüttel den Euro zum Fliegen«. »Welcome to the Beck's experience« (Willkommen beim Beck's-Erlebnis) der Biermarke Becks kam als »Willkommen beim Beck's Experiment« an. Nur 18 Prozent der Befragten verstanden den Werbespruch richtig. Am schlechtesten schnitt die Werbung für den Jaguar ab. »Life by Gorgeous« (»Leben auf hinreißende Art«) verstanden nur acht Prozent richtig. Der Rest las »Leben in Georgien« oder »Leben wie George«. Die ältesten Probanten in der Untersuchung waren übrigens 49 Jahre alt.

Also sollte sich die als »Team!Bank« firmierende Kleinkreditbank fragen, ob ihre typischen Kunden von Ratenkrediten (die sie als »easy credit« anbietet) wirklich etwas mit dem Werbespruch »Simply a Step Ahead« anfangen können.

Das nordrhein-westfälische Kultusministerium will zusammen mit Tageszeitungsverlagen Jugendliche dazu bewegen, regelmäßig Zeitung zu lesen. Es nennt die Aktion dazu »Zeitung4you«. Diesen Namen versteht mit Sicherheit ein Großteil der Deutschen nicht, ebenso wenig wie viele Jugendliche. Die »4« muss nämlich als englisches Wort gelesen werden: »for«. Fragt sich, warum das Ministerium und die Verlage so inkonsequent waren. Wäre es nicht besser, die ganze Aktion gleich »Newspaper4u« zu nennen?

Noch ein Beispiel, das zeigt, wie man sich durch englische Botschaften lächerlich machen kann: Im Jahre 2003 haben sich Bäcker in einem Verein zusammengeschlossen, die künftig wieder Brot backen wollen, wie man schon immer Brot gebacken hat. Sie verzichten auf Backbeschleuniger und geben dem Teig Zeit zum Reifen. Sehr lobenswert. Aber wie heißt diese Rückbesinnung auf alte deutsche Backkunst? »Slow baking«!

Werbebotschaften-Verfasser argumentieren gerne damit, dass die englischen Sprüche zwar nicht verstanden würden, aber beim Kunden ein gutes Gefühl hinterließen. Sie klängen jung und modern. In der Tat konnten nur

23 Prozent der Befragten in der Endmark-Studie den Werbespruch von Burger King (»Have it your Way«) korrekt übersetzen (»Mach's auf deine Art«).* Aber fast die Hälfte fand ihn gut. Die Dortmunder Statistikerin Isabel Kick hat deshalb die emotionale Wirkung von deutsch- und englischsprachigen Werbesprüchen geprüft. Dazu maß sie den Hautwiderstand der Probanten beim Abspielen der Slogans. Das Ergebnis: Die deutschsprachigen Botschaften erhielten deutlich höhere emotionale Werte als die englischsprachigen.

»Fremdwortgebrauch sollte weder reinem ›Bildungsflitter‹ noch der ›Verschleierung kommunikativer Ziele‹ dienen«, so Michael Klemm. Deshalb spieße ich hier beispielhaft zwei Marotten auf, die nichts anderes als anglizistisches Imponiergehabe darstellen und zudem missverständlich sind: den »guten Job« und »am Ende des Tages«.

Viele gute Jobs

Unmittelbar nach meinem Studium habe ich ein Praktikum bei den Vereinten Nationen in New York absolviert. Meine Chefin war damals Amerikanerin. Schon am ersten Tag hatte sie eine jener klassischen Aufgabe für mich, für die Praktikanten vermutlich auf der ganzen Welt eingesetzt werden: Ich sollte ein Dokument kopieren. Ich ging also zum Kopierer, legte das Blatt Papier ein, drückte auf den Startknopf, wartete, bis die Papiere eingezogen

---

* Stattdessen verstanden sie Sachen wie »Nimm's mit auf den Weg!« oder »Hast du deinen Weg?«

und die Kopien ausgeworfen waren und spazierte mit dem Stapel zurück zu meiner Chefin.

Die war vor Begeisterung kaum mehr zu bremsen: »Oh, Markus!«, rief sie. »Wonderful! Great! You did such a great job!« Ich muss zugeben, ich war etwas verwundert über den Überschwang, mit der meine bescheidene Kopierleistung gelobt wurde. Die Floskel aber hörte ich im Verlauf des Praktikums, mehr oder weniger verdient, immer wieder: »You did a great job!«, sagten die Amerikaner. Sie meinten damit: »Du hast deine Sache gut gemacht!«

Seit meinem Praktikum sind ein paar Jahre vergangen und die guten Jobs sind inzwischen offenbar in Deutschland angekommen. Kürzlich stand ich in der Münchner S-Bahn. Weil man in öffentlichen Verkehrsmitteln nie so genau weiß, wohin man gucken soll, schweifte mein Blick umher und blieb an einem Prospektständer hängen. Die Prospekte waren von neugierigen Fahrgästen mitgenommen worden, der Prospektspender war leer. An seiner Innenwand stand zu lesen: »Wenn Sie dies hier lesen, haben wir einen guten Job gemacht.«

Einen guten Job gemacht? Diese Redewendung gibt es im Deutschen gar nicht. Das liegt daran, dass wir das englische Wort »Job« nur in der Bedeutung »Arbeitsstelle« kennen. Wer, zumindest bislang, auf Deutsch davon sprach, dass er einen »guten Job« habe, meinte, er sei glücklicher Besitzer eines befriedigenden und einträglichen Arbeitsplatzes. Im Englischen kann »job« aber auch »Aufgabe« bedeuten. In diesem Sinne gebrauchen es englische Muttersprachler, wenn sie sagen, »somebody did a good job«.

Inzwischen werden auch in Deutschland zuhauf »gute Jobs gemacht«. »Bei Hypertonikern keinen guten Job gemacht«, vermeldet die »Ärztezeitung« und treibt damit bei sprachsensiblen Lesern wohl den Blutdruck in die Höhe. »Das Management hat keinen guten Job gemacht«, berichtet ein Online-Wirtschaftsmagazin. »Wir als Unternehmer haben keinen guten Job gemacht«, zitiert die *FAZ* einen Manager, der beklagt, dass Deutschlands Wirtschaftselite der Öffentlichkeit nicht habe erklären können, wie notwendig Reformen seien. Keine Bange, denn auch mit den Gewerkschaften ist es nicht weit her: »Verdi hat keinen guten Job gemacht«, heißt es in einer Wirtschaftszeitung.

Das sehen die Gewerkschafter selbst naturgemäß anders: »Die Belegschaft hat einen guten Job gemacht, und deshalb hat sie auch ein gutes Management verdient«, meint ein Arbeitnehmervertreter in Pirmasens laut lokaler Zeitung. Mit den Sozialreformen insgesamt sind andere Länder weiter. Deshalb kann ein Online-Dienst vermelden: »Dänemark hat einen guten Job gemacht.« Offenbar machen inzwischen schon ganze Länder einen »guten Job«. Angesichts der vielen guten Jobs, die überall gemacht werden, fragt man sich unweigerlich: Wo sind die denn alle hin? Warum haben wir trotz der unzähligen guten Jobs immer noch so viele Arbeitslose? Da hat wohl jemand seinen Job nicht sonderlich gut gemacht.

Am Ende des Tages

Kürzlich hatte ich einem Geschäftspartner ein Angebot für ein Schreibtraining gemacht. Als er sich nach einiger Zeit nicht meldete, rief ich morgens bei ihm an und fragte nach. »Wir prüfen noch. Wir werden aber am Ende des

Tages auf Sie zurückkommen.« Ich wartete den ganzen Abend vergeblich auf einen Anruf. Die Sonne war lange untergegangen, der Deutschlandfunk spielte erst die Nationalhymne, dann die Europahymne. Kein Anruf. Es war also nix mit »am Ende des Tages«.

Kein Wunder, denn »am Ende des Tages« meinte gar nicht den Abend, sondern ist eine direkte Übersetzung der englischen Redewendung »at the end of the day«. Die steht für »letztlich«, »am Ende«. Wörtlich ins Deutsche übertragen, löst diese Redewendung Verwirrung aus. »Am Ende des Tages sind es die Unternehmer, die viel Geld investieren müssen, um neue Produkte am Markt einzuführen«, verkündet der Wirtschaftsforscher Prof. Bullinger. »Am Ende des Tages sucht der Nutzer immer nach dem Mehrwert«, erklärt ein Marketingexperte. »Was nützt der günstigste Preis, wenn am Ende des Tages die Qualität entscheidet?«, fragt ein Druckerfarbenhersteller in einer Pressemitteilung. Keiner meint den Abend. Ich finde, man sollte im Interesse der Präzision, »am Ende des Tages« wirklich dem Ende des Tages vorbehalten. Das ist kein Sprachpurismus, sondern recht und billig.

Die schlimmsten Phrasendrescher

Die Innovationsschwätzer:
Marketing-Experten

Auf dem Joghurt, den ich kürzlich in der Lebensmittelabteilung meines Discounters in der Produktlinie »Ernährung L8« (bitte als »Ernährung light« also »leichte Ernährung« also »Ernährung mit kalorienarmen Lebensmitteln«
lesen) fand, steht folgender Satz: »Die abwechslungsreiche
Vielfalt macht es leicht, sich mit Genuß ausgewogen zu
ernähren.« Die alte Rechtschreibung sei verziehen, solange der Joghurt nicht ebenso alt ist. Dieser Satz ist ein wun-
derbares Beispiel für die Phrasendrescherei der Marke-
ting-Texter. Marketingsprache unterscheidet sich von der
Alltagssprache dadurch, dass sie im Grunde nichts mitteilen will. Sie will vielmehr *das Gefühl vermitteln*, etwas
zu sagen. Dafür setzt sie zwei Mittel ein: Redundanz und
Zirkelschluss. Beides kommt in dem Hinweis auf dem Jo-
ghurtbecher zum Ausdruck. Was soll »Vielfalt« anders
sein als »abwechslungsreich«? Eine eintönige Vielfalt kann
es nicht geben (höchstens als literarische oder rhetorische
Figur, was aber vermutlich hier nicht die Intention war).
Dem Marketingdeutsch ist die Vielfalt nicht Vielfalt genug, sie muss durch »abwechslungsreich« noch verstärkt
werden, um dem Leser das Gefühl zu geben, abwechs-
lungsreicher gehe es nun wirklich nicht mehr.

Weil immer alles noch besser und großartiger sein
muss, verlieren die alten Wörter an Kraft. Dies ist sprachgeschichtlich keine neue Entwicklung, viele Wörter haben
im Laufe der Jahre ihre Sprachmacht verloren, aber sie hat
sich – wie so vieles in unserer Zeit – enorm beschleunigt.

Die Wörter leiern immer schneller aus. Die Werbung, die seit hundert Jahren den Hausfrauen klarmachen muss, dass die Wäsche immer noch ein Stück sauberer wird, hat mit dem gleichen Problem zu kämpfen. Was ist sauberer als sauber, weißer als weiß?

Der Einfluss des amerikanischen Sprachgebrauchs macht sich bemerkbar. Während die Engländer traditionell zum Understatement neigten, wollen die US-Amerikaner immer alles größer, schöner und wuchtiger haben. Als ich Reporter bei *Reader's Digest Deutschland* war, hatten wir eine Rubrik mit dem Titel »Helden von heute«. Das Wort »Held« ist im Deutschen stark mit Gefühlen aufgeladen. Es hat seine Wurzeln in einem altgermanischen Wort für Krieger und wurde in der nationalistischen Propaganda seit dem späten 19. Jahrhundert missbraucht. In Amerika gilt schon als »hero«, wer einen Kanarienvogel vor der Katze rettet. Man kann in der deutschen Sprache verfolgen, wie diese amerikanische Ausdehnung des Wortes inzwischen auch im Deutschen Einzug hält. Auf der Internetseite helden-aus-osnabrueck.de werden »Helden des dynamischen Unternehmertums« aufgelistet und der grüne Oberbürgermeisterkandidat wird zum »Helden der Politik«. Bei der »Aktion Zeit für Helden« leisten Jugendliche ehrenamtliche Arbeit. Sicherlich anerkennenswert, aber »heldenhaft«?

Damit ich nicht missverstanden werde: Es geht mir nicht darum, den Bedeutungswandel eines Wortes anzuprangern. Wortbedeutungen wandeln sich mit der Zeit, das ist keine Katastrophe. Aber Sprachkritik hat eine gesellschaftskritische Funktion. Und dass die Wörter von den Marketingtextern verbraucht und dann als wertlos weggeworfen werden, ist kritikwürdig. So, wie es kritikwürdig ist, dass aus Marketinggründen die Fastfood-Portionen immer größer und die Menschen deshalb immer fetter werden. Die Marketing-Profis machen zwar die Leute nicht unmittelbar fett, sondern die großen Portionen, wenn sie verschlungen werden – trotzdem kann man den Marketingexperten beim Essen wie bei der Sprache eine Verantwortung zubilligen.

Soviel zur Redundanz. Die zweite Methode ist der Zirkelschluss. Er ist für jeden Marketing-Phrasendrescher verführerisch, weil er nicht falsch sein kann. »Die Vielfalt macht es leicht, sich ausgewogen zu ernähren« ist eine Behauptung, die schwerlich *nicht* nicht zutreffen kann. »Eine zielgruppengenaue Ansprache ermöglicht es, auf die Bedürfnisse Ihrer Kunden gezielt einzugehen« ist ein Satz von ähnlicher Qualität. Oder: »Durch innovative Produkte sind wir führend in der IT-Technologie«* Oder: »Strategie ist ein permanenter Prozess, der sich stetig weiterentwickelt.«

Den Autoren solcher Sätze kann man keinen Vorwurf machen, wenn sie bewusst Allgemeinplätze verbreiten *wollen*, weil sie glauben, dass dies ihrem geschäftlichen Erfolg dient. Die Hirnforschung sieht diese Erwartung übrigens skeptischer. Zwar haben die Leser solcher Floskeln in der Tat in vielen Fällen ein gutes Gefühl – insofern mögen sich Kunden angesprochen fühlen, die ihre Entscheidung bereits getroffen haben und sich darin bestärkt sehen möchten. Wer jedoch neue Kunden gewinnen möchte, ist mit zwei Problemen konfrontiert:

---

* Redundanz kommt hier hinzu, schließlich steht IT für »Informationstechnik«, also wird von »Informationstechnik-Technologie« gesprochen.

Erstens: Alle schreiben so. Leser können sich also nach der Lektüre nur unzureichend daran erinnern, wer was gesagt hat und was er damit ausdrücken wollte. Sie können dieses Phänomen selbst ausprobieren. Wenn Sie fünf Selbstdarstellungen von Unternehmensberatungen hintereinander lesen, werden Sie mit großer Wahrscheinlichkeit danach unfähig sein aufzulisten, was jede einzelne Unternehmensberatung ausmacht.

Die Hirnforschung kann nachweisen, dass von den Allgemeinplätzen im Kopf des Rezipienten nichts hängenbleibt. Der Volksmund würde sagen: Der Wortschwall geht zum einen Ohr rein, zum anderen raus. Die nachdenklichsten Köpfe des Gewerbes haben dies inzwischen bemerkt und bemühen sich, die Erkenntnisse der Hirnforschung in das Marketingvorgehen einzubeziehen. Das Stichwort dazu heißt Neuromarketing.

Zweites Problem: Wer gezielt Informationen sucht, reagiert auf Phrasen genervt. Gezielte Informationssuche erfolgt heute vor allem im Internet. Untersuchungen zeigen, dass jene Netzauftritte am wirkungsvollsten sind, die klar und deutlich auf den Punkt kommen. Geschwafel wird einfach weggeklickt.

Schade, dass es diese Möglichkeit in der realen Welt nicht gibt. Ich hätte schon so manchen Phrasendrescher der Marketingwelt weggeklickt.

Die Hohlschwätzer: Politiker

Als der russische Gesandte in Wien für den neuen Kaisertitel des Zaren Peter die Billigung Kaiser Karls VI. einholen wollte, erhielt er von dem Habsburger »eine lange

Antwort, von der dieser aber nichts verstand. Daraufhin suchte der Gesandte den Reichsvizekanzler auf und bat ihn, er möge sich beim Kaiser nach der Antwort erkundigen. Der lehnte dieses Ansinnen ab und verwies ihn an den Kaiser zurück. Sodann schickte der Gesandte den Kurier mit dem Bericht nach Russland, er habe den Kaiser nicht verstanden, und niemand wolle ihm sagen, was seine Majestät mit ihm gesprochen habe.«

Diese Anekdote des schwäbischen Juristen Johann Jakob Moser erzählt der ehemalige Bundesminister und SPD-Politiker Erhard Eppler in seinem sehr lesenswerten Buch »Kavalleriepferde beim Hornsignal. Die Krise der Politik im Spiegel der Sprache.« Es ist offenbar ein Vorrecht der Mächtigen, sich unklar und unverständlich auszudrücken. So wie es ihr Bestreben ist, die Sprache zu beherrschen. Die Nationalsozialisten haben dies mit besonderem Nachdruck getan. Man erinnere sich daran, dass die blindwütige Zerstörung jüdischen Eigentums und von Synagogen und die körperlichen Angriffe auf Juden in der Nacht vom 9. auf den 10. November 1938 als »Reichskristallnacht« verharmlost wurden. »Konzentrationslager« sind ein euphemistischer Name für das, was in Wirklichkeit Vernichtungslager waren. Dolf Sternberger, Gerhard Storz und Wilhelm E. Süskind haben in ihrem »Wörterbuch des Unmenschen« dieses Vorgehen beschrieben, ebenso Victor Klemperer in seiner »Lingua Tertii Imperii«.

Weil die Machthaber des Dritten Reiches ihre Verbrechen sprachlich verschleiern wollten, gerieten sie sogar in einen ideologischen Konflikt mit den Sprachpuristen, die die deutsche Sprache von undeutschen, vor allem jüdischen Wörtern reinigen wollten. Hatten die Nazis diesen Bestrebungen anfangs Sympathie entgegengebracht, verboten sie später die Bewegung. Sie hätten ja auf »gut Deutsch« sagen müssen, was sie da planen. Das Interesse, die Unmenschlichkeit ihres Tuns hinter einer sprachlichen Maske zu verstecken, war größer als ihre Liebe zur Reinheit deutscher Sprache. So blieb Joseph Goebbels »Reichspropagandaminister« statt »Reichswerbeminister«.

Die Sprache des Dritten Reiches haben wir in den meisten Fällen überwunden, auch wenn sich noch Spuren davon in unseren Alltagsreden wiederfinden. Aber das Bestreben der Politiker, nicht klar und deutlich zu sagen, was sie wollen, besteht fort. Es ist älter als die Nazidiktatur.

Als in den achtziger Jahren des letzten Jahrhunderts die Wälder in Deutschland durch den sauren Regen geschädigt wurden, ließ die Bundesregierung einen »Waldschadensbericht« erstellen. In diesem Wort klingt an, dass wohl nicht alles in Ordnung ist mit dem Wald. Er ist geschädigt. Einige Jahre später gibt es den Schaden immer noch. Aber der Bericht heißt inzwischen »Waldzustandsbericht«.

Darüber, wie unser Gesundheitssystem in Zukunft organisiert werden soll, gibt es zwei grundsätzlich unterschiedliche Vorstellungen. Die eine Vorstellung wird von der Union vertreten, die andere von den Sozialdemokraten. Beide Konzepte sind in der so genannten Gesundheitsreform, die der Deutsche Bundestag im Februar 2006 verabschiedet hat, unzureichend zusammengeführt. Sprachlich gesehen hat die SPD die Nase vorn. Sie nennt ihre Idee »Bürgerversicherung«. Das klingt hochanständig, solide und durch und durch bürgerlich. Es bedeutet aber die Abschaffung der privaten Krankenversicherung; ein Vorhaben, das vielen Angehörigen der bürgerlichen Schichten nicht zupass kommen dürfte. Die FDP nennt die Idee der SPD deshalb lieber eine »Zwangsversicherung«.

Die Union hingegen hat sich auf das Modell einer »Kopfpauschale« festgelegt. Schlechte Wortwahl! »Kopfpauschale« klingt nach »Kopfgeld«. Das Wort ruft Bilder hervor von gewissenlosen Gesellen, die im Wilden Westen für den Skalp jedes niedergestreckten Indianers ein hübsches Sümmchen einstreichen.

Ich will an dieser Stelle gar kein Urteil fällen über die Vorschläge zur Gesundheitspolitik. Ich möchte nur darauf aufmerksam machen, dass Sprache eminent politisch ist. »Politik vollzieht sich in Sprache«, schreibt Erhard Eppler. »Wo Sprachlosigkeit beginnt, hört Politik auf.« Sprache hat in der Politik die Funktion zu vermitteln zwischen denjenigen, die die Macht innehaben, und denjenigen, die beherrscht werden. Wo diese Vermittlung scheitert, scheitert der öffentliche Diskurs.

PR-Berater aus der Politiker, die so genannten »spin doctors«, erklären ihren Klienten stets, dass sie »ein Thema besetzen« und »die Begriffe definieren« müssen. Der wunderbare Film »The Queen« von Stephen Frears handelt davon, wie Königin Elisabeth II. nach dem Unfalltod Prinzessin Dianas unfähig ist, die öffentliche Trauer zu verstehen. Sie findet einfach keine Worte, die sich mit den Gefühlsausbrüchen der Massen in Einklang bringen lassen. Also schweigt der Palast.

Alastair Campbell, der »spin doctor« von Premierminister Tony Blair, hingegen hat sofort eine Formulierung parat, die um die ganze Welt geht: »Diana – die Prinzessin des Volkes.« Frears zeigt in dieser Episode zugleich politische Manipulation durch Sprache (bei Blair) wie politische Sprachlosigkeit (der Königin).

Ein gutes Beispiel für die öffentliche Definition von Begriffen ist die jüngste Geschichte des Wortes »Reform«. In den sechziger und siebziger Jahren war »Reform« in der Bundesrepublik ein Wort der Linken. Die Bildungsreform zum Beispiel sollte verzopften Professoren und verknöcherten Studienräten das Fürchten lehren. In den neunziger Jahren gelang es der »Initiative Neue Marktwirtschaft«, einer arbeitgebernahen Denkfabrik, den Begriff neu zu besetzen. Heute ist alles, was mit dem Etikett »Reform« versehen wird, ein Schreckgespenst für Gewerkschafter und traditionelle Sozialdemokraten. Wie immer man zur Notwendigkeit von Reformen stehen mag, so muss man doch zugeben, dass Politiker hinter der Phrase von der Reform meist allerlei Unbill verstecken. Es wäre ehrlicher und der politischen Kultur förderlicher, wenn Interessengruppen deutlich benennen, aus welchem Grund sie welche Veränderung herbeiführen möchten und was sie und die anderen davon haben. Der Allgemeinplatz von den »Reformen« schadet bei einer solchen Auseinandersetzung nur.

Umso wichtiger ist es, den Phrasendreschern auf die Spur zu kommen, die mit Unklarheiten, Gewäsch und aufgeblähten Worten Politik machen.

Viele Politiker argumentieren, Politik sei heute so kompliziert geworden, dass man nicht mehr mit 600 Wörtern auskommen könne, wie Konrad Adenauer es angeblich noch gekonnt habe. Das ist Unsinn. Politik ist heute nicht komplizierter als vor 50 Jahren. Die damalige weltpolitische Gemengelage war nicht minder unübersichtlich, die Weltläufe nicht weniger verworren. Man sollte sich eher fragen, ob es nicht genau umgekehrt ist: dass das Sprechen über Politik so kompliziert geworden ist, dass selbst Einfaches undurchschaubar wirkt.

In der Zeit unmittelbar nach dem Zweiten Weltkrieg hatten die Politiker keine vorgefertigten Phrasen zur Verfügung. Die vormalige Sprache der Macht war durch die Nazis diskreditiert worden. Eine neue hatte sich noch nicht entwickelt. Man war gezwungen, sich so klar und verständlich auszudrücken, wie man im Alltag sprach. Als später der kalte Krieg aufkam, der Politikbetrieb in Gang gekommen war und seine sprachlichen Ungeheuer geboren hatte, war's vorbei mit der Klarheit.

Natürlich hat die Unklarheit in der Politik eine Funktion. Man will sich nicht festlegen, will – um es im politischen Jargon auszudrücken – seine Optionen offenhalten. Als Gymnasiast hatte ich mächtig Spaß an diesem Spiel mit dem Nichtssagenden. Gelegentlich ärgerte ich meinen Sozialkunde-Lehrer, indem ich auf seine konkreten Fragen ausweichende Antworten im Jargon der Politik gab. Für unsere Abiturzeitung schrieb ich später eine kleine Satire. Es handelte sich um einen auf die Spitze getriebenen Dialog zwischen einem Lehrer und seinem Schüler. Ich hatte ihn aus Floskeln zusammengestellt, die ich während eines Wahlabends aus Politikermund vernommen hatte. Sie kennen alle die entsprechenden Phrasen: »Möchte ich zunächst unseren Wählerinnen und Wählern danken ...« »Wir haben die Wahl verloren. Da gibt es nichts zu beschönigen ...« (was bedeutet, dass sie gerne beschönigen würden). »... werden wir in den entsprechenden Gremien das Ergebnis eingehend analysieren und die nächsten Schritte beraten.« »Ich sage hier ganz offen ...« (was dann »ganz offen« gesagt wird, wäre selten der Geheimhaltung wert).

Ich kann mir heute nicht mehr erklären, wie ich mit Anfang zwanzig stundenlang solche Wahlabendrituale verfolgen konnte. Heute schalte ich ab, sobald das Ergebnis einigermaßen sicher feststeht (also oft schon nach zehn Minuten).

Ich habe als Journalist einige Politiker erlebt, die nicht in der Lage waren, sich klar auszudrücken. Sie konnten es einfach nicht, auch dann nicht, wenn wir gemütlich an der Bar saßen und uns über Alltäglichkeiten unterhielten. Ich kann das verstehen. Zum einen sind Politiker unablässig Floskeln ausgesetzt. Tagein, tagaus hören sie schlechtes Deutsch. Tagein, tagaus müssen sie selbst reden. Da greift es sich schnell zum sprachlichen Fertiggericht. So wie Menschen, die es eilig haben, sich eine Tiefkühlpizza in den Ofen schieben, statt selber zu kochen. So mag es schon einmal passieren, dass die Metaphern durcheinandergeraten. »Wir stehen kurz davor, dass die Kostenlawine auf eine Explosion zurollt«, sagt dann zum Beispiel Franz Müntefering. Oder der Sinn bleibt auf der Strecke: »Ein Gesetz hat Anspruch darauf, umgesetzt zu werden, zumindest dann, wenn es umgesetzt wird«, schwafelt ein Gesundheitspolitiker. »Die Weltmächte von morgen sind im Aufstieg begriffen«, analysiert messerscharf ein Außenpolitiker im Deutschlandfunk.

Zum zweiten sind unklare Formulierungen Selbstschutz. Wer klar und verständlich spricht, legt sich fest. Wer schwadroniert, kann sich später damit herausreden, falsch verstanden worden zu sein. Politiker werden ständig falsch verstanden (wenn sie nicht gerade aus dem Zusammenhang gerissen werden). Das liegt meistens daran, dass sie sich absichtlich falsch verstehbar machen. Die Blähballons der Sprache zu zerstechen, ist deshalb nicht nur ein Dienst an der Sprache, sondern auch an der Demokratie.

Die Imponierschwätzer: Wissenschaftler

Ich kann mich noch recht gut erinnern. Es war an einem heißen Sommertag am Anfang meines zweiten Semesters als Student der Politikwissenschaft in Bamberg. Ich saß auf der Terrasse und las in einem Buch zur politischen Soziologie. Mag sein, dass es an der Hitze lag oder an meiner Erschöpfung, jedenfalls wurde ich zunehmend ärgerlicher. Ich verstand kein Wort von dem, was der Autor da aufgeschrieben hatte. Alles klang bedeutend, gedankenschwer, undurchschaubar. Schließlich erwachte mein Ehrgeiz. Ich wollte wissen, was mir der Autor, ein weitgehend unbekannter Soziologe, da erzählte. Also entschloss ich mich, mit Hilfe eines Fremdwörterbuches Satz für Satz zu entschlüsseln – zu übersetzen, so, wie ich es im Lateinunterricht mit Cicero und Caesar gemacht hatte.

Dieser heiße Nachmittag auf meiner Bamberger Terrasse wurde für mich zu einem Schlüsselerlebnis. Dabei passierte gar nicht viel. Ich stellte nur, je mehr ich mich im Text vorarbeitete, fest, dass all die so kompliziert formulierten Erkenntnisse Binsenweisheiten waren. Was wie ein Quell der Erkenntnis daherkam, schrumpfte zur simplen Alltagswahrheit. Es war für mich eine große Enttäuschung, zugleich aber eine Warnung. Seit diesem Nachmittag traue ich verquasten wissenschaftlichen Texten nicht mehr. Ich weiß, dass viele, die imposant daherformulieren, verdecken wollen, wie wenig Erhellendes sie zu sagen haben.

Natürlich muss sich die Wissenschaft eines Jargons bedienen. Sie tut dies, weil im Alltag die Begriffe oft ungenau verwendet werden. Wenn wir von Mord und Totschlag reden, haben wir zwar die allgemeine Vorstellung einer tödlich endenden Missetat, aber der Jurist muss genau bestimmen können, was ein Mord und was Totschlag ist. Er wird die Begriffe definieren, sie enger und genauer fassen. Jeder Jurist weiß, dass bei Mord eine Reihe von so genannten Mordmerkmalen erfüllt sein müssen, zum Beispiel Vorsatz. Diese Mordmerkmale müssen wiederum selbst definiert werden und so weiter. So entsteht eine Fachsprache, mit der ein Laie wenig anfangen kann.

Was dem Juristen recht ist, kann dem Soziologen, dem Betriebswirtschaftler und dem Atomingenieur nur billig sein. Auch nicht-akademische Berufe, vom Bäcker über den Automechaniker bis zum Klempner, haben ihre Fachsprache.

Den Fachleuten ist diese Sprache so vertraut, dass sie sich nicht vorstellen können, jemand verstehe sie nicht. Als ich einmal vor einem akademischen Publikum, das mit Journalismus nichts am Hut hatte, erklärte, dass ich Zeitschriften beim Relaunch berate, erntete ich fragende Blicke. Was ein Relaunch ist, muss man als jemand, der außerhalb der Medienbranche steht, nicht unbedingt wissen. Es handelt sich übrigens um eine inhaltliche und grafische Neugestaltung einer Zeitschrift, Zeitung oder eines Webauftritts. In einem Kreis aus Verlagsleuten und Journalisten erleichtert es hingegen das Gespräch, wenn ich von »Relaunch« spreche, statt von einer »inhaltlichen und grafischen Neugestaltung«.

Um Fachsprache geht es also nicht, wenn ich hier gegen die Imponierschwätzer zu Felde ziehe. Imponierschwätzer sind jene Wissenschaftler, die
– ihre dürftigen Erkenntnisse wohlklingend verpacken und Binsenweisheiten mit Wissenschaftsjargon auf-

laden, um ihre geistige Armut zu verdecken – und oft genug auch, um Studenten und Laien damit abzuschrecken.

– die nicht in der Lage oder, was noch schlimmer ist, nicht willens sind, ihre Erkenntnisse einem breiten Publikum auf verständliche Weise zugänglich zu machen.

In Deutschland wird oft darüber geklagt, dass die deutsche Sprache ihre Bedeutung als Wissenschaftssprache verloren habe. Wer wissenschaftlich wahrgenommen werden möchte, muss heute in der Tat in englischer Sprache publizieren. Die Klage über den Bedeutungsverlust von Deutsch als Wissenschaftssprache ist müßig. Offen gestanden möchte ich keinem Ausländer zumuten, deutsche wissenschaftliche Texte lesen zu müssen. Er bräuchte Stunden, die Satzmäander entlangzuwandern, das Gestrüpp schwer verständlicher Fachwörter zu lichten, Nominalkonstruktionen zurechtzurücken und Verklausulierungen aufzudröseln. Das war früher, zur Hochzeit des Deutschen als Wissenschaftssprache, anders. Der Historiker Theodor Mommsen erhielt 1902 für seine Römische Geschichte immerhin den *Literatur*nobelpreis.

Ich habe während meines Studiums die politologische Fachliteratur lieber auf Englisch statt auf Deutsch gelesen – weil ich sie trotz Fremdsprache leichter verstanden habe. Angelsächsische Wissenschaftler fühlen sich verpflichtet, so verständlich wie möglich zu schreiben. Sie vermeiden komplizierte Satzkonstruktionen, erklären Zusammenhänge, versuchen, Abstraktes mit Beispielen und Anekdoten anschaulich zu machen. Viele deutsche Wissenschaftler halten so etwas für unter ihrer Würde. Sie finden überschaubare Sätze und klare Formulierungen unwissenschaftlich. Einige der unverständlichsten wissenschaftlichen Texte, die ich kenne, stammen übrigens aus der Linguistik und befassen sich mit – Verständlichkeitsforschung.

Hier ein Beispiel aus einem linguistischen Fachbuch mit dem sinnigen Titel »Verständlich-Machen«: »Wenn nun im Prinzip kein Modus des Verstehens mehr vorgestellt werden kann, der nicht den Charakter einer Schlussfolgerung hätte, so können wir festhalten, dass die sprachtheoretische Offenlegung des inferentiellen Charakters jeglichen Verstehens eine theoretisch angemessene Perspektive für die Explikation eines linguistischen Verstehensbegriffes darstellt.«

Ich möchte die Absurdität deutscher wissenschaftlicher Phrasendrescherei an einer Anekdote erläutern: Die Freundin eines Kollegen promovierte an einer deutschen Universität im Fach Soziologie. Mein Kollege, ein Journalist, bot ihr an, ihre Doktorarbeit zu redigieren. Gemeinsam bemühten sie sich darum, verschlungene Sätze zu entwirren, lösten Nominalstil auf und entsorgten überflüssige Fremdwörter. Am wissenschaftlichen Gehalt änderten sie nichts. Als die Promovendin ihrer Professorin einen Entwurf der sprachlich entrümpelten Doktorarbeit vorlegte, schüttelte diese den Kopf. »Das geht so nicht. Ihre Arbeit ist leider unwissenschaftlich«, beschied sie der Frau. Mein Kollege und seine Freundin setzten sich also hin und redigierten die Arbeit gleichsam im Rückwärtsgang. Aus einfachen Sätze machten sie komplizierte, verbale Konstruktionen wandelten sie wieder in Nominalstil um und so weiter. Am Ende stand eine Doktorarbeit, die für die deutsche Professorin »wissenschaftlich« war.

Wenn ich diese Geschichte in meinen Schreibseminaren erzähle, ernte ich viel Zustimmung. Fast alle Akademiker berichten mir, dass sie ähnliche Erlebnisse hatten. Besonders jene, die schon während ihrer Studentenjahre als Journalisten gearbeitet hatten, mussten sich den Vorwurf gefallen lassen, sie schrieben zu verständlich. Weil kein Professor sich traute, das so deutlich auszusprechen, versteckten sie den Vorwurf der übermäßigen Verständlichkeit hinter dem Euphemismus eines zu »feuilletonistischen Stils«.

Während des Studiums lernen wir, dass wissenschaftliches Schreiben bedeutet, sich kompliziert auszudrücken. Sicherlich haben wir es in der Wissenschaft oft mit schwierigen und komplexen Stoffen zu tun. Niemand verlangt deshalb von den Wissenschaftlern, es den Lernenden auf Kosten des Inhalts leichter als möglich zu machen. Menschliche Gesellschaften, mit denen sich die Soziologie beschäftigt, sind ebenso komplex wie das Innenleben der Atome, denen sich die Teilchenphysik widmet. Aber gerade *weil* es sich um komplizierte Dinge handelt, sollten Wissenschaftler sich so verständlich ausdrücken wie nur irgend möglich. Je klarer sie zu formulieren gezwungen sind, desto klarer müssen sie denken. Nur der kann sich präzise und verständlich ausdrücken, der eine Sache durchdacht und erfasst hat. Das steckt hinter jenem Zitat des Wissenschaftstheoretikers und Philosophen Sir Karl Raimund Popper, das diesem Buch vorangestellt ist: »Wer's nicht einfach und klar sagen kann, der soll schweigen und weiterarbeiten, bis er's klar sagen kann.«

Popper hat einmal in einem hübschen Aufsatz unter dem Titel »Gegen die großen Worte« Zitate der Sozialphilosophen Theodor W. Adorno und Jürgen Habermas aus deren Jargon in klares Deutsch übersetzt. Es sei sein Ziel, so Popper, damit »den etwas mageren Informationsgehalt jedes Satzes so klar zu machen wie möglich.« Ich gebe hier nur einen Teil der Popperschen Übersetzungsbemühungen wieder. Adorno, zitiert von Habermas, schreibt also: »Die gesellschaftliche Totalität führt kein Eigenleben oberhalb des von ihr Zusammengefassten, aus dem sie selbst besteht.« Daraus macht Popper: »Die Gesellschaft besteht aus gesellschaftlichen Beziehungen.« Adorno: »Sie produziert und reproduziert sich durch ihre einzelnen Momente hindurch.« Poppers Übersetzung: »Die verschiedenen Beziehungen produzieren *irgendwie* die Gesellschaft.«

Nun kommt Jürgen Habermas selbst zu Wort: »Adorno begreift die Gesellschaft in Kategorien, die ihre Herkunft aus der Logik Hegels nicht verleugnen.« Popper: »Adorno verwendet eine an Hegel erinnernde Ausdrucksweise.« Meine Lieblingsübersetzung ist diese: Habermas: »Sie [die Theorien, M.R.] erweisen sich für einen speziellen Gegenstandsbereich dann als brauchbar, wenn sich ihnen die reale Mannigfaltigkeit fügt.« Daraus macht Popper: »Sie sind auf ein spezielles Gebiet dann anwendbar, wenn sie anwendbar sind.«

Sir Karl fasst seine Bemühungen resigniert zusammen mit den Worten: »Das grausame Spiel, Einfaches kompliziert und Triviales schwierig auszudrücken, wird leider traditionell von vielen Soziologen, Philosophen usw. als ihre legitime Aufgabe angesehen. So haben sie es gelernt, und so lehren sie es. Da kann man nichts machen.«

Natürlich ist Popper an dieser Stelle polemisch, zumal der Leser einwenden mag, dass Adorno wie Habermas ihrem Publikum sicherlich Ernsthaftes zu sagen haben.

Leider halten's die minder begabten Epigonen nicht anders – und treten Quark breit.

Deutsche Professoren, die durch gefälligen Stil auffallen, gelten in ihrer Zunft als dubios. Man unterstellt ihnen, sie wollten sich dem Publikum anbiedern. Dieser Vorwurf ist Unsinn. Wissenschaftliche Autoren arbeiten, wie alle anderen Schreiber, für ihr Lesepublikum. Wenn sie sich also nicht bemühen, ihre Texte so verständlich wie möglich zu machen, ist das ein Ausdruck von Faulheit.

Lassen Sie mich an zwei Zitaten erläutern, wie zum einen ein großer Autor ein anspruchsvolles Thema anschaulich machen kann und wie zum anderen ein Autor ein anschauliches Thema todlangweilig darstellt.

Das erste Zitat stammt von dem Historiker Michael Mitterauer aus seinem Buch »Warum Europa?«. Er schreibt an der zitierten Stelle darüber, welche Rolle der Weizenanbau in der europäischen Geschichte spielt. »Das Weizenbrot hatte ... schichtspezifisches Prestige und rangierte in der Skala der verschiedenen Brotarten stets ganz oben. (...) Der Weizen trug zu jenem Prozess der Vergetreidung bei, der sich nun auch hier durchsetzte. (...) Wenn sich in diesen beiden von ihren naturräumlichen Voraussetzungen her so unterschiedlichen Agrarzonen Europas im Mittelalter weiterhin gewisse Übereinstimmungen zeigen ...« Schichtspezifisches Prestige! Prozess der Vergetreidung! Naturräumliche Voraussetzungen! Entstehen bei solchen Formulierungen irgendwelche Bilder in Ihrem Kopf? Schadet es der Wissenschaft, wenn Mitterauer geschrieben hätte: »Die Reichen und Mächtigen aßen das prestigeträchtige Weizenbrot, die Armen und die Bauern (– ja, was?).« »Der Weizen trug dazu bei, dass die Bauern immer öfter Getreide anbauten.« »Im

Mittelmeerraum war das Wetter mild und es gab fruchtbare Böden. Die Böden im Norden waren karg, die Winter lang und kalt. Trotzdem gibt es im Mittelalter zwischen beiden Regionen gewisse Übereinstimmungen ...«?

Und nun ein Zitat aus der Wallenstein-Biografie des Historikers Golo Mann: »Das Gebiet, trotz der vielbuchtigen Küste im Norden, hatte etwas Binnenländisches, Abgelegenes, ohne rechte Verbindung mit den schiffbaren Strömen in West und Ost. Fruchtbares Ackerland, Weiden mit schwarz-weiß geflecktem Vieh begannen gleich hinter den Dünen und Fischerdörfern, Wälder zogen sich hin, beschatteten die sich ineinanderschlingenden Seen. Da hauste der Adel auf seinen bescheidenen Schlössern (...). Da gingen die Bauern hinterm Pflug, zu einem guten Teil noch Besitzer ihres Bodens, was sich demnächst ändern sollte, aber nicht zu Wallensteins Zeit. Da lagen weit verstreut die Städte, Malchin und Plau und Malchow und Grabow, und sahen mit ihrer einzigen Hauptstraße mit ihrem viereckigen Marktplatz, mit Rathaus und Kirche und Friedhof nicht viel anders aus als die böhmischen Landstädte.« Voilà! Kein Wunder, dass Golo Mann seine Tätigkeit als Professor im deutschen Universitätswesen frustriert aufgab.

In einigen Fächern drängt sich der Verdacht auf, dass die wissenschaftliche Phrasendrescherei Ausdruck eines akademischen Minderwertigkeitsgefühls ist. Ich muss an dieser Stelle zugeben, dass ich einige Vorurteile gegen solche vorgeblichen Wissenschaften wie Betriebswirtschaftslehre besitze. Besonders suspekt sind mir dabei Fächer wie »Marketing« und »Human Resource Management«. Oftmals erscheinen mir die Inhalte als Mischung aus höherer Kaufmannslehre, Binsenweisheiten und Voodoo.

Ich bestreite nicht, dass man betriebswirtschaftliche Vorgänge wissenschaftlich untersuchen kann, doch vermag ich nicht einzusehen, warum man mit *diesen* Erkenntnissen einen Betrieb führen können soll. Erfahrungsgemäß sind Politologen keine besseren Politiker, nur weil sie Politik wissenschaftlich zu betrachten gelernt haben. Ebenso wenig werden Marketingabsolventen gute Verkäufer. Weil aber die Marketing- und HR-Wissenschaftler so etwas ahnen, blähen sie Nichtigkeiten und Trivialitäten mit Anglizismen und Fachwörtern so weit auf, dass sie schön, prall und wichtig aussehen. Ein Autor beschreibt die Aufgabe des Relationship-Managements (also des Verhältnisses eines Unternehmens zu seinen Kunden) unter anderem so: »kontinuierliche Kommunikation (Konversation, Kollaboration, Geschäftsbeziehungspflege), um First-Choice, mindestens aber im Set-of-Options zu bleiben.« Mit anderen Worten: Die Mitarbeiter eines Unternehmens sollten sich mit den Kunden möglichst oft unterhalten und mit ihnen zusammenarbeiten, damit sie für diese bei der Auftragsvergabe erste Wahl bleiben, zumindest aber in Erwägung gezogen werden.

Das hat auch mein Vater, als er noch seinen kleinen Friseurladen betrieb, so gehalten. Und offenbar verstand Frau Kloberdanz, die Metzgersfrau in Fulda-Horas, etwas von »Incentive-Management im Sales-Prozess«. Sie reichte mir als kleinem Jungen beim Einkauf immer eine Scheibe Aufschnitt über die Theke.

Die Bedeutungsschwätzer:
Feuilletonisten und Leitartikler

Während meiner Zeit als Redakteur im Feuilleton der *Frankfurter Allgemeinen Zeitung* habe ich einmal einen Kollegen darauf angesprochen, dass ein bestimmter Artikel nicht leicht zu lesen sei. Der Autor erkläre viele Fremdwörter nicht und schreibe auch sonst recht kompliziert. »Mein lieber Herr Reiter«, antwortete darauf der Kollege. »Wir müssen den Leser intellektuell fordern. Wenn er ein Wort nicht versteht, wird er hingehen und es in seiner rindsledergebundenen, 60-bändigen Brockhaus-Ausgabe nachschlagen. Dann wird er den Artikel weiter lesen, auf ein neues, unbekanntes Wort stoßen, auch dieses nachschlagen und so weiter. Am Ende wird er der Redaktion dankbar sein, dass er durch den Artikel so viel Neues gelernt hat.« Ich gebe zu, ich habe die Antwort ein wenig übertrieben, um das Wesentliche herauszustellen – aber nicht viel!

Die Forschung bei Zeitungen beweist uns, dass der Kollege Unrecht hat. Leser haben heute nicht die Muße, sich intensiv mit Artikeln im Kulturteil der Zeitung zu beschäftigen. Wenn ihnen nicht sofort klar wird, dass die Lektüre sich der Mühe lohnt, blättern sie weiter. Sie wollen durchaus Neues lernen und Interessantes erfahren – aber nicht, indem sie sich durch das bedeutungsschwangere Gelaber selbstverliebter Autoren quälen.

Das Feuilleton gehört zu den am wenigsten genutzten Teilen der Tageszeitung. Im Durchschnitt lesen nur fünf Prozent der Nutzer einer Tageszeitung den Kulturteil. Sicherlich mag man nicht erwarten, dass sich jeder Leser für Musik, Theater, Literatur, Film, Jazz, Pop und was auch immer im Feuilleton behandelt wird, zu erwärmen bereit ist. Aber sollten diese Themen wirklich nur jeden Zwanzigsten interessieren? Oder sollten sich nicht die Redakteure fragen, ob sie etwas falsch machen? Ob sie nicht vielleicht selbst Schuld sind an ihrer Bedeutungslosigkeit? Mir scheint: Ja!

Der Journalistik-Professor Gunter Reus klagt in seiner Bestandsaufnahme des Feuilletons: »Da knirscht es tatsächlich (…), da ist der Sand, da ist die heiße Luft. Da ist eine Sprache voll eigener Formeln und Marotten, eine Sprache, die bei aller Andersartigkeit ihre Adressaten gründlich verprellen kann.«

Ich sehe ein, dass die Kunst ihre Fachbegriffe kennt. Wer gar keine Ahnung von klassischer Musik hat, wird selbst die beste Musikkritik eines Bach-Orgelkonzertes nicht von vornherein mit Begeisterung lesen. Aber wäre es nicht wunderbar, wenn er Lust auf Bach bekäme, läse er die Kritik sagen wir aus Langeweile im Wartezimmer seines Zahnarztes dennoch? Sollte nicht eine gute Romanrezension jemanden dazu verleiten, nach einem Buch zu greifen, das er sonst links liegen ließe? Ganz zu schweigen von den Beiträgen des Debattenfeuilletons, die manche anregende Erkenntnis mit Blick auf Politik und Gesellschaft zu vermitteln vermögen.

Warum dann machen es einem die Autoren des Feuilletons so schwer? Diesen Satz fand ich in einer Ballettkritik der kleinen *Südostbayerischen Rundschau*, einer Zeitung mit einer überwiegend ländlichen Leserschaft: »Die zarte, in den Bewegungen wie im theatralischen Gestus ganz dem unschuldigen, durch enttäuschte Liebe zunächst geistig verwirrten, dann zu Tode gekommenen ätherisch-schönen Geschöpf aus der Waldhütte ihrer

Mutter (Irene Steinbeißer) verschriebene Natalia Kalinitschenko bezauberte das Publikum im Laufe des durch eine halbstündige Pause unterbrochenen Abends in zunehmenden Maße.«

Ich gebe zu: Ich habe diesen Satz beim ersten und beim zweiten Lesen nicht verstanden. Er ist unübersichtlich, aufgebläht mit überflüssigen Informationen (»halbstündige Pause«), Tautologien (Bewegungen und Gestus meinen das Gleiche) und wabernden Formulierungen (ätherisch-schöne Geschöpf). Hier will der Autor vor allem eins: sich wichtig machen.

Ergänzt um einige Präzisierungen hatte er auch schreiben können: »Die zarte Natalia Kalinitschenko bezauberte das Publikum. Mit sanften Bewegungen und zurückhaltendem Gestus verkörperte sie glaubwürdig ein Mädchen, das in der Waldhütte ihrer Mutter (Irene Steinbeißer) aufwächst, sich verliebt, an ihrer Liebe irre wird und schließlich den Tod sucht.«

Wichtigtuerei hat auch die Autorin im Sinn, die in der *Stuttgarter Zeitung* die Rezension einer Musil-Biografie veröffentlichte: »Seine (des Biografen) Skizzierung von Musils Ideen, die Satzfragmente des Originals mit eigenen Bonmots durchschießt und aus dem Fundus der Geistesgeschichte garniert, lässt zwar Aperçus aufblitzen, doch Licht auf den Gegenstand wirft dieses Funkeln wenig.«

Gehen wir hier einmal Schritt für Schritt vor: Bonmots sind geistreiche Bemerkungen. Aperçus ebenfalls. Die Autorin teilt uns also mit, dass die geistreichen Bemerkungen des Biografen, die er mit Teilen von Sätzen Musils verbindet, geistreiche Bemerkungen sind. Aber, fügt sie hinzu, besonders erhellend ist das Ganze nicht. Hätte sie nicht auch für jedermann verständlich schreiben können:

»Er stellt Musils Ideen vor, indem er Satzteile des Originals mit eigenen, geistreichen und gebildeten Bemerkungen versieht. Das amüsiert den Leser, macht ihn aber kaum klüger.«

Im Land der Phrasen fühlen sich nicht nur die Feuilletonisten wohl, sondern auch die Leitartikler. Der Vorteil von Leitartiklern ist, dass sie nicht handeln müssen, sondern nur das Handeln einfordern. Meistens muss die Regierung in irgendeiner Weise handeln. Das ist gleichsam die Pflichtphrase der Leitartikler.

Wie es danach weitergeht, wissen sie auch nicht. Deshalb beenden sie ihre Kommentare gerne mit der Floskel »… bleibt abzuwarten«. »Es bleibt abzuwarten, welche Ergebnisse die Verhandlungen liefern«, meint da ein Kommentator. »Es bleibt abzuwarten, wie der Gesetzgeber mit den eingeräumten Spielräumen umgeht«, befindet die *FAZ*. Der Leitartikel, so scheint es, ist die Wiederaufbereitungsanlage der Politikerphrasen.

Auswege aus dem Irrsinn

Das magische Viereck der Verständlichkeit

Vor über einem viertel Jahrhundert beschrieb der nordrhein-westfälische Gymnasiallehrer Wolfgang Meyer in der Wochenzeitung »Die Zeit«* ein Experiment mit seinen Schülern im Leistungskurs Erziehungswissenschaft. Was Meyer damals machte, funktioniert auch heute noch, wie ich in vielen eigenen Versuchen in Schreibtrainings erfahren habe.

Meyer legte den Oberstufenschülern einen Text über eine neue pädagogische Theorie vor, die »dispensorische Erziehungstheorie«. Ich zitiere einige Zeilen daraus: »Kulturen entstehen und gehen unter. Dies ist ein Gesetz allen biologischen Lebens. Eine strukturelle Dialektik zwischen Innovation und Stagnation ist allumfassend konstatierbar. Schon die griechischen Philosophen, und dort vor allem Euklyptos, haben auf diesen Sachverhalt hingewiesen. Dies gilt sogar für das Klima und die Folge der Jahreszeiten. (...) Die dispensorische Erziehungstheorie ist somit nicht nur erkenntnistheoretisches Prinzip, sondern bedeutet vor allem Handlungsorientierung zur Veränderung und Verbesserung individueller und sozialer Lebensbedingungen, die die kulturellen und gesellschaftlichen Unterschiede tendenziell aufzuheben vermag.«

Meyer bat seine Schüler, den Text zu interpretieren und eine Hausaufgabe darüber zu schreiben. Was keiner seiner Schüler zu sagen wagte: Der Text war reiner Unsinn;

---

* Wolfgang Meyer: Der Gipfel der Gläubigkeit. In: Die Zeit, 30. Oktober 1981, S. 34

er war, wie Meyer selbst schreibt, »ohne Sinn, bestehend aus Gemeinplätzen, Unrichtigkeiten, unzusammenhängenden und inhaltsleeren Phrasen, die allerdings in eine pseudowissenschaftliche Form gebracht wurden.« Nicht nur die Schüler, auch ein Fachreferendar, ein Fachleiter und Studenten der Universität entlarvten den Schwachsinn nicht.

Die Episode zeigt, dass selbst der größte Unsinn bei vernünftigen Menschen reüssieren kann, wenn er nur aufgebläht genug daherkommt. Es fehlt der Mut, vielleicht auch der Wille, hinter die Fassade der Phrasen und Floskeln zu schauen. Denn dann könnte es sein, dass man nichts anderes dort vorfindet als einen Müllabladeplatz unfertiger Gedanken: rostige Fahrräder, undichte Kanister, kaputte Waschmaschinen, stinkende Küchenabfälle.

Die Hamburger Kommunikationspsychologen Friedemann Schulz von Thun, Inghard Langer und Reinhard Tausch können helfen, diesen Mut wiederzuentdecken. Die so genannte Hamburger Verständlichkeitsforschung hat bereits in den siebziger Jahren ein einfaches Modell entwickelt, unter welchen Voraussetzungen Texte von ihren Lesern gut verstanden werden. Neuere Untersuchungen Anfang der Jahrtausendwende bestätigten die Ergebnisse.

Textverständnis definieren die Forscher dabei auf eine recht einsichtige Weise. Ein Text wird dann als verstanden angesehen, wenn der Leser Fragen dazu beantworten und die darin enthaltenen Informationen so gut wie möglich mit eigenen Worten wiedergeben kann. Dabei umgehen Schulz von Thun und seine Kollegen einige philosophische Fragen, die sich vor allem aus der Sicht der Konstruktivisten auftun. Radikale Konstruktivisten gehen davon aus, dass jeder von uns etwas anderes wahrnimmt. Es gäbe keine Wirklichkeit, sondern nur unterschiedliche Wahrnehmungen in unserem Gehirn.

Diese Überlegungen sind mit Sicherheit ein erkenntnistheoretisches oder neurologisches Proseminar wert, aber wenn Sie gerade eine Betriebsanleitung, ein Protokoll der letzten Sitzung der Arbeitsgruppe oder eine Pressemitteilung schreiben, schießen sie vermutlich über das Ziel hinaus. Da reicht es, wenn es für den Leser mehr oder weniger eine gemeinsame Wirklichkeit gibt und er das versteht, was Sie sagen wollen. Mit anderen Worten: Es mag zwar sein, dass jeder von uns eine eigene Wirklichkeit seines DVD-Recorders hat, aber wenn er ihn programmieren will, kommt er gut damit hin, dass alle im Großen und Ganzen die gleichen Tasten auf der Fernbedienung vor sich sehen.

Die Hamburger Verständlichkeitsforscher haben Folgendes gemacht: Sie haben repräsentativ ausgewählte Testpersonen nach dem Zufallsprinzip in zwei Gruppen aufgeteilt. Manche der Teilnehmer hatten Hauptschulbildung, andere waren Akademiker, sie waren Frauen und Männer, alt und jung. Der einen Gruppe legten die Forscher einen Originaltext aus dem Alltag vor. Die andere Gruppe sollte denselben Text in einer bearbeiteten Version lesen. Diese zweite Version hatten die Hamburger Wissenschaftler mit vier so genannten »Verständlichkeitsmachern« neu formuliert.

Nach der Lektüre sollten die Probanten mit eigenen Worten wiedergeben, was sie von den Texten behalten und verstanden hatten und Fragen dazu beantworten. Als Sahnehäubchen der Verständlichkeit galt, wenn die Leser den Text auch noch gerne gelesen hatten.

Hier folgt nun ein Beispiel für einen solchen Text, wie er in einem Experiment verwendet wurde. Die eine Gruppe bekam folgenden Auszug aus einem erziehungswissenschaftlichen Aufsatz vorgelegt:

»Kommunikation ist Interaktion in symbolischer Vermittlung und impliziert faktisch genau wie Interaktion, auch ein Herrschaftsverhältnis interagierender und kommunizierender Menschen. Spracherziehung ist daher als ein Bereich der Erziehung zum sozialen Handeln zu betrachten; wobei der Begriff des sozialen Handelns verstanden wird als Abgrenzung zum einen zum blinden Befolgen vorgegebener Rollennormen, zum anderen von individuell willkürlichem Verhalten. Um auf der Grundlage der Rationalität und in kommunikativer Gemeinschaft mit anderen solidarisch handeln zu können, muss der Einzelne Sprache nicht nur als Medium der Artikulation analytisch-kognitiver Prozesse einsetzen, sondern gleichzeitig als Mittel reflexiver Kommunikation über soziale Beziehungen selber sowie zur Interpretation und Kommunikation subjektiver, eigener wie fremder Intentionen und Bedürfnisse. Dieses erfordert neben der Beherrschung verschiedener Sprachcodes Sensibilität für die in verschiedenen Nuancen der sprachlichen Pragmatik implizierten Bedeutungsgehalte.«[*]

Wie man sich leicht vorstellen kann, kam dieser Text nicht besonders gut an. Die Leser mit geringer Schulbildung konnten damit überhaupt nichts anfangen, den Akademikern gelang es besser, die Aussagen zu decodieren – Spaß hatte aber niemand beim Lesen gehabt.

---

[*] Aus: »Betrifft Erziehung, Heft Nr. 10, 1973, S. 15. Zitiert bei Langer et al.

Die zweite Gruppe bekam eine Überarbeitung dieses Textes vorgelegt, der sich wie folgt las:

»Kommunikation bedeutet: Mit Worten oder anderen Zeichen aufeinander reagieren und aufeinander Einfluss nehmen; und das heißt auch: Herrschaft ausüben. Damit ist Spracherziehung auch immer eine Erziehung dazu, wie man mit anderen Menschen umgeht, eine Erziehung zum sozialen Handeln. Wie soll nun das soziale Handeln aussehen? Und worauf muss man bei der Spracherziehung achten, um das Ziel zu erreichen?

Erziehungsziel ›soziales Handeln‹: Nicht blind alles tun, was die anderen von einem wollen. Aber auch nicht nur das tun und lassen, was man selbst will. Sondern: sich mit anderen vernünftig auseinandersetzen und dann solidarisch handeln.

Aufgabe der Spracherziehung: Sprache darf nicht nur dazu da sein, Gedanken in Worte zu kleiden, sondern dass man auch einmal darüber spricht: ›Wie gehen wir eigentlich miteinander um?‹ Und: ›Was sind eigentlich die Absichten und die Bedürfnisse, die bei mir und anderen dahinterstecken?‹

Dazu muss man auch andere verstehen lernen, die sich anders ausdrücken als man selbst. Und man muss eine feine Antenne entwickeln, um besser mitzukriegen, was wirklich gemeint ist, wenn die Leute etwas sagen.«

Die zweite Version wurde von allen Mitgliedern aller Gruppen besser verstanden. Ein wichtiges Ergebnis der Untersuchung ist: »Alle Intelligenz- und Bildungsgruppen profitierten von Verständlichkeitsverbesserungen in etwa gleichem Ausmaß«, schreiben Langer, Schulz von Thun und Tausch in ihrem grundlegenden Buch »Sich verständlich ausdrücken«. »Auch für intelligentere und sog. gebildete Leser sind die Originaltexte also nicht verständlich genug.« Ich halte das für wichtig zu betonen, weil mir in vielen Seminaren gesagt wird: »Aber unsere Leser sind Fachleute! Die sind so was gewohnt. Denen machen schwierige Texte nichts aus.« Die Forschung zeigt, dass solche Annahmen falsch sind.

Die Verständlichkeitsforscher haben den zweiten Text mit vier »Verständlichkeitsmachern« bearbeitet. Sie orientieren sich, wenig erstaunlich, daran, was wir im Kapitel über die Hirnforschung und das Lesen gelernt haben. Sie stellen so etwas wie das magische Viereck der Verständlichkeit dar.

Der erste Verständlichmacher ist *Einfachheit*. Einfache, kurze Sätze, geläufige Wörter, wenige Fachbegriffe und eine anschauliche Sprache helfen dem Leser, Texte besser zu verstehen. Je einfacher ein Text ist, desto besser wird er verstanden. Es gibt allerdings eine Untergrenze: Werden Leser mit zu simplen Texten konfrontiert, verstehen sie diese zwar gut, fühlen sich aber unterfordert und verlieren das Interesse. Als optimal gelten Texte, die etwa 20 Prozent unter dem maximalen Verständlichkeitsniveau liegen.

Der zweite Verständlichmacher ist *Gliederung und Ordnung*. Dabei kommt es darauf an, dass die Gedanken logisch miteinander verbunden sind. Es sollte keine Lücken in der Argumentation geben, weil der Autor meint, bestimmte Zusammenhänge verstünden sich von selbst. Oft höre ich in Seminaren: »Das kann sich der Leser doch denken!« Kann er eventuell! Aber er will oft nicht. Und selbst wenn er es tut, ist er einen Augenblick verwirrt und wird den Text als schwierig empfinden.

Logische Fehler schleichen sich oft ein, wenn PR-Schreiber mal eben eine Presseerklärung schreiben. Hier ein

Beispiel: »Berlin/München (31. Januar 2007) Seit 30 Tagen ist Rumänien Mitgliedsland in der Europäischen Union. Genauso alt ist die EU-Ratspräsidentschaft Deutschlands. Ein Zufall mit Symbolkraft ...« Das ist natürlich Quatsch! Warum sollte es ein Zufall sein – da die Aufnahme Rumäniens wie der Beginn der deutschen Ratspräsidentschaft beide am 1. Januar erfolgten – dass beides 30 Tage später 30 Tage her ist? Der Leser kann sich denken, was gemeint ist (nämlich dass die deutsche Ratspräsidentschaft wie die Aufnahme Rumäniens in die EU zufällig zusammenfallen – was genauso genommen kein Zufall ist, weil die Ratspräsidentschaft nach einem festgelegten Verfahren an die einzelnen Mitgliedstaaten fällt und der Beitritt Rumäniens vertraglich festgeschrieben ist). Aber es steht etwas anderes da!

Zu diesem »Verständlichmacher« gehört, dass der Leser durch Absätze, Zwischenüberschriften und Hervorhebungen den Aufbau des Textes leichter begreift. Je besser ein Text gegliedert und je logischer er aufgebaut ist, desto besser verstehen ihn die Leser.

Der dritte Verständlichmacher lautet *Kürze und Prägnanz*. Prägnante Texte sind auf das Wesentliche beschränkt, gedrängt und sehr knapp. Hier gilt nicht: Je kürzer, desto besser. Denn wenn zu viele Informationen auf engstem Raum vermittelt werden sollen, leidet die Verständlichkeit. Das Gegenteil von Kürze und Prägnanz wäre Weitschweifigkeit. Auch sie schadet der Verständlichkeit. Der Autor sollte also ein Mittelmaß anstreben.

Ein Mittelmaß gilt es auch beim vierten Verständlichmacher zu finden, *den anregenden Zusätzen*. Dabei geht es um Anekdoten, Beispiele, wörtliche Reden, Menschen, die in den Texten auftreten, rhetorische Fragen und dergleichen mehr. Wer seine Aussage in Anekdötchen ersäuft, wird der Verständlichkeit schaden. Wer nie ein Beispiel bringt, auch.

Die Hamburger Verständlichkeitsforscher haben anhand dieser vier Verständlichmacher ein Beurteilungsfenster entwickelt. Es sieht für einen optimal verständlichen Text so aus:

Einfachheit ++	Gliederung/Ordnung ++
Kürze/Prägnanz 0 oder +	Anregende Zusätze 0 oder +

Es würde unser Leben eminent erleichtern, wenn all die Phrasendrescher, um die es in diesem Buch geht, dieses klare Konzept zum verständlichen Schreiben berücksichtigten.

Fünf Regeln für Klardeutsch

Sich klar und verständlich auszudrücken, ist also gar nicht so schwer. Für Leser, die sich von diesem Buch einen Nutzen erhoffen, habe ich hier fünf Regeln für verständliches Deutsch zusammengestellt.

1. Meiden Sie Schachtelsätze.
   Einige Stilratgeber empfehlen generell kurze Sätze. Das ist nur die halbe Wahrheit. Die Psycholinguistik hat zwar herausgefunden, dass Sätze mit 15 bis 17 Wörtern

in der geschriebenen Sprache am besten verstanden werden*. Wichtiger als die Zahl ihrer Wörter ist aber, wie übersichtlich die Sätze aufgebaut sind. Ein gut strukturierter Satz kann ruhig einmal länger als 17 Worte sein. Bedenken Sie, dass jeder neue Gedanke einen eigenen Hauptsatz erhalten sollte. So machen Sie dem Leser deutlich, was wichtig ist.

2. Werden Sie konkret und präzise!
Die zweite Regel ist das Mantra dieses Buches. Hinter schwammigen Begriffen kann man sich gut verstecken. Wenn Ihr Sohn erklärt, er werde sein Zimmer »zeitnah aufräumen«, können Sie darauf vermutlich ewig warten. Darum sollten wir auch einen Politiker oder Wirtschaftsboss fragen, wann genau denn nun »zeitnah« ist. Werfen Sie blutleere Abstrakta über Bord, merzen Sie Worthülsen aus. Wenn Sie nur die auf den Seiten 48 bis 82 behandelten Phrasen durch kraftvolle Formulierungen ersetzen, haben Sie bereits einen großen Schritt getan. Sie werden damit zum Feind aller Phrasendrescher. Nehmen Sie's als Ehrentitel.

3. Geizen Sie mit Worten!
Je mehr Worte Sie machen, desto mehr muss Ihr Leser oder Zuhörer verdauen. Schnell entstehen Pleonasmen. »Innovative neue Ideen« hatten Firmengründer an der Hochschule Fulda, die PDS in Thüringen, ein Sozialprojekt in Oberbayern, ein Unternehmensberater, ein Webdesigner und noch viele andere mehr. Was aber

---

* In der gesprochenen Sprache sind es etwas weniger, nämlich 12 bis 15 Worte.

heißt »innovativ« anderes als »mit neuen Ideen«? Ich zum Beispiel versuche, mir überflüssige Adjektive dadurch auszutreiben, dass ich mir überlege: Könnte man das gegenteilige Adjektiv sinnvoll verwenden? Ergäbe also »zurückgebliebene neue Ideen« statt »innovative neue Ideen« einen Sinn? Die Antwort können Sie sich in diesem Falle selbst geben.

4. Bevorzugen Sie Verben!
Kraftvolle Verben machen einen Text dynamischer und leichter lesbar. Wenn wir sprechen, reden wir mit Verben, nicht in Nominalkonstruktionen. Die Menschen haben sich 100.000 Jahre lang so Geschichten erzählt. »Als er in den Wald kam, machte er seinen Sack auf, breitete das Korn auseinander, die Schnur aber legte er ins Gras und leitete sie hinter eine Hecke. Da versteckte er sich selber, schlich herum und lauerte. Die Rebhühner kamen bald gelaufen, fanden das Korn – und eins nach dem andern hüpfte in den Sack hinein. Als eine gute Anzahl drinnen war, zog der Kater den Strick zu, lief herbei und drehte ihnen den Hals um; dann warf er den Sack auf den Rücken und ging geradewegs zum Schloss des Königs.« 16 Verben zählt der Leser in dieser Passage des Märchens »Der gestiefelte Kater«.*

5. Gliedern Sie glasklar!
Der Leser oder Zuhörer folgt Ihnen auf eine Reise. Nehmen Sie ihn an der Hand und führen Sie ihn über

---

* Grammatiker, die nachzählen, werden auf 17 kommen. »War« habe ich nicht mitgerechnet, obgleich es hier als Vollverb gebraucht wird, weil es nicht unbedingt kraftvoll ist.

Klippen und gefährliche Stellen. Das Problem vieler Autoren ist: Sie wissen, was sie sagen wollen. Also überspringen sie oft zwei, drei Gedanken auf dem Weg zu ihrer Schlussfolgerung. Der Leser, der das Ziel nicht kennt, gerät dabei aber ins Stolpern. Wenn Sie einen Text zu Ende geschrieben haben, denken Sie ihn noch einmal Satz für Satz durch. Tun Sie so, als kennen Sie den Gedankengang nicht. So entdecken Sie mögliche Auslassungen.

Befreit uns vom Phrasendeutsch

Ich erinnere mich, dass ich während meiner Zeit bei *Reader's Digest* in Stuttgart einmal als Reporter eine Karnevalssitzung im Schwarzwald besucht habe. Als ein als Hexe verkleideter Narr mit seiner Büttenrede begann, glaubte ich, nicht richtig zu hören. Wo war ich hingeraten? Ich verstand kein Wort von dem, was da gesagt wurde. Ja, ich hatte noch nicht einmal eine Ahnung, um was es überhaupt ging. Der Büttenredner hätte genauso gut Mongolisch sprechen können. Ich stamme aus Osthessen, bin also mit dem Schwäbischen nicht vertraut. Zwar bereitet mir das vornehm Angeschwäbelte in Stuttgart kaum Probleme, aber wenn jemand wirklichen Dialekt spricht, so wie beim Fasching im Schwarzwald, sind das für mich böhmische Dörfer. Aber ist Schwäbisch deshalb »falsches Deutsch«?

Diese Frage ist wichtig, denn sie zielt auf einen entscheidenden Unterschied zwischen der Absicht dieses Buches und einer populären Sprachkritik, der es vor allem um die Richtigkeit geht. Als »richtig« wird eine kodifizierte Form des Standard-Deutschen angesehen, als »falsch« jede Abweichung von dieser Norm. Hätte Martin Luther die Bibel ins Plattdeutsche übersetzt, ins Sächsische oder ins Schwäbische, so gälten heute vermutlich diese Varianten als Standardsprache. Sprache wandelt sich. Wissenschaftler gehen davon aus, dass vor etwa 100.000 bis 150.000 Jahren der heutige Mensch irgendwo in Zentralafrika erstmals zu sprechen begann. Es handelte sich um einen gewaltigen Schritt nach vorn und war offenbar ein enormer Vorteil im Überlebenskampf der Arten. Die Sprache ermöglichte es den Menschen, Informationen untereinander weiterzugeben. Es mindert die Gefährlichkeit der Nahrungsbeschaffung, wenn der Jäger rufen kann »Vorsicht, ein Bär!«, statt sich wie auch immer bemerkbar machen zu müssen. Es hilft auch, wenn die eine Steinzeitfrau der anderen zu erzählen vermag: »Hinter der großen Eiche, beim kleinen Teich, gibt's die besten Heidelbeeren des ganzen Tals.« Vor allem aber konnten Erfahrungen von Generation zu Generation übermittelt werden. Der evolutionäre Vorteil der Sprache war so gewaltig, dass wir von keinem einzigen überlebenden Volk wissen, das es vorzog, das Sprechen wieder einzustellen.

Alle Sprachen, alle Dialekte, die jemals gesprochen wurden, stammen nach heutigem Stand des Wissens von einer einzigen Ursprache ab, die jene Jäger und Sammler in Zentralafrika, der Heimat des Urmenschen, gesprochen haben. Wenn man es so sieht, sind alle heutigen Sprachen Degenerationen der Ursprache.

Sprache ist also im steten Wandel begriffen. In seinem wunderbaren Buch »The Power of Babel« schreibt der amerikanische Linguist John McWhorter: »Sprache gleicht den Wolken. Wir schauen auf die Wolkengebilde am Himmel und wissen, dass sie flüchtig sind. Wenn wir eine Stunde später wieder nach oben blicken, werden sie mit großer Sicherheit anders aussehen. Selbst wenn es nicht so ist, vielleicht während einer ungewöhnlichen Windstille, wird dieser Zustand nicht lange andauern. Sicherlich: Sprache wandelt sich nicht in diesem Tempo, aber ihre Veränderung über die Zeit ist unvermeidlich und vollständig.« So wenig, wie wir den Wolken ein »Stopp! Haltet inne!« zurufen können (selbst wenn wir es tun, wird es wenig Auswirkungen haben), so wenig werden wir den Wandel der Sprache aufhalten können.

Ein Beispiel: »fater unseer, thu pist in himile, uuihi namun dinan, qhueme rihhi din, uuerde uuillo diin, so in himile sosa in erdu.« So lautet der erste Satz der althochdeutschen Fassung des Vaterunsers, wie es in einer Sankt Gallener Handschrift aus dem achten Jahrhundert niedergeschrieben wurde. Mittelhochdeutsch klingt das bereits vertrauter: »Got vater unser, dâ du bist in dem himelrîche gewaltic alles des dir ist, geheiliget sô werde dîn nam, zuo müeze uns komen das rîche dîn.« Diesen Satz können wir mit einiger Mühe verstehen.*

Es sei daran erinnert, dass es sich bei diesen Aufzeichnungen um Varianten des Althochdeutschen und Mittelhochdeutschen handelt. In den Wäldern, Dörfern, Städten, Landstrichen gab es unzählige Varianten. Wenn Menschen sprechen, verändert sich die Sprache. Die Sprecher verschieben Laute, verschlucken Endungen, verändern Vokale und Konsonanten, machen aus zwei Wörtern eins oder aus einem Wort zwei, geben Wörtern einen engeren oder weiteren Sinn. Etymologen finden darin ein gewaltiges Betätigungsfeld. Manchmal lassen Menschen die Reste alten Sprachgebrauchs irgendwo herumstehen und retten sie so in die Gegenwartssprache, wo sich kaum jemand ihres Ursprungs erinnert. Das ist bei vielen Flurnamen und bei einigen Redewendungen der Fall. So wird heute, wer mit »Kind und Kegel« unterwegs ist, kaum daran denken, dass »Kegel« ursprünglich ein uneheliches Kind meint.

Ich erzähle dies, weil ich möchte, dass Sie sich von der Metapher des Sprachverfalls lösen. Dieses Verständnis

---

* Das liegt übrigens daran, dass er niedergeschrieben wurde: Die Schrift hat den Wandel der Sprache verlangsamt. Nicht schriftlich fixierte Sprachen verändern sich wesentlich schneller.

von Sprachentwicklung ist populär; und es ist keineswegs neu. Gottfried Wilhelm Leibniz mahnte 1682 in seinen »Unvorgreifflichen Gedancken betreffend die Ausübung und Verbesserung der Teutschen Sprache«, »dass es denen Teutschen nicht am Vermögen, sondern am Willen gefehlet, ihre Sprache durchgehens zu erheben.« Arthur Schopenhauer schimpfte um 1850: »Die glänzende Periode der Deutschen Litteratur hat im Anfang des Jahrhunderts ihr Ende erreicht, damit aber auch die Sprache derselben nicht bleibe, sind jetzt Zeitungsschreiber, Buchhändlerlöhnlinge und schlechte Schriftsteller überhaupt eifrig beflissen, sie zu zerfetzen und zu zerstückeln, beseelt von einem rechten Enthusiasmus niederträchtiger Buchstabenzählerei.« Der wortgewaltige österreichische Sprachkritiker Karl Kraus forderte 1903: »Was aber (…) fehlt, sind Strafbestimmungen gegen die öffentliche Unzucht, die mit der deutschen Sprache getrieben wird.« 2005 konstatiert Wolf Schneider, Journalistenlehrer und Autor populärer Sprachfibeln: »Es geht bergab mit der Sprache, machen wir uns nichts vor.«

Aber die Sprache kann nicht verfallen. Wie auch? Es gibt keinen Referenzpunkt, von dem aus gesehen eine Sprache verfallen würde. Sie kann verschwinden, wenn ihre letzten Sprecher aussterben, sie kann in anderen Sprachen aufgehen, wie das Gotische im Althochdeutschen, sie kann ihr Angesicht völlig verändern, wie es dem Latein geschah. Als Dante Alighieri zwischen 1307 und 1320 die Göttliche Komödie schrieb, galt das Italienische als Küchenlatein, eine Degeneration des klassischen Lateins. Wer käme heute auf die Idee, Italienisch – zumal das von Dante – als verfallenes Latein anzusehen?

Wer vom Verfall der deutschen Sprache redet, tut so, als habe es einst eine hehre und vollkommene Version gegeben, die seitdem vor die Hunde gegangen ist. Welches Deutsch sollte das aber gewesen sein? Das Althochdeutsche der Straßburger Eide von 842? Das Mittelhochdeutsche Wolfram von Eschenbachs um 1200? Goethes Deutsch im 18. und frühen 19. Jahrhundert? Nietzsches Deutsch 50 Jahre später? Thomas Manns? Martin Walsers? Und wenn wir diese Version als Maßstab nehmen, warum gerade diese? Schreibt Wolfram von Eschenbach ergreifender als Thomas Mann? Wie man es auch dreht und wendet, Verfall ist das falsche Wort, um die Entwicklung von Sprache zu beschreiben.

Warum also die ganze Aufregung? Wenn wir einmal davon ausgehen, dass Menschen sich auch in der Zukunft nicht nur mit Grunzlauten unterhalten, wäre ja alles in bester Ordnung. Dem ist aber nicht so. Um zu erläutern warum, werde ich ein wenig weiter ausholen.

Seit der Erfindung des Buchdrucks bildete sich im Deutschen eine Standardsprache heraus. Sprachwissenschaftler sprechen vom Standardhochdeutschen. Entscheidend an der Entwicklung war die Übersetzung der Bibel durch Martin Luther. Später haben Zeitungen, Radio und Fernsehen, seit jüngstem auch das Internet an diesem als Standard akzeptierten Hochdeutsch mitgewirkt. Andere (eigentlich eigenständige) Sprachen, wie das Plattdeutsche, wurden zunehmend als mundartliche Variante des Standardhochdeutschen verstanden.

In anderen Nationen geschah Ähnliches. Die Sprache, die in der Île de France gesprochen wurde, entwickelte sich zum Beispiel zum heutigen Standardfranzösisch und verdrängte andere Sprachen wie das Provençale. Der

Landstrich der Langue d'oc erinnert heute noch daran, dass einst in dieser Gegend eine andere (galloromanische) Sprache als das Französische, nämlich Okzitanisch, gesprochen wurde. òc bedeutet auf Okzitanisch »ja« und stand im Gegensatz zur langue d'oil, in der »ja« oil hieß. Das moderne Okzitanisch, das noch vereinzelt in Südfrankreich vorkommt, ist übrigens eine Wiederbelebung aus dem 19. Jahrhundert.

Im Italienischen unterscheiden sich die Dialekte noch heute so stark, dass manche Linguisten sie als eigenständige Sprachen verstehen. Dantes florentische Variante des als Italienisch angesehenen Vulgärlateins bildet dabei die Grundlage des heutigen Einheitsitalienischen, wie Sie es an der Volkshochschule lernen können. Die Schriftsteller Francesco Petrarca und Giovanni Boccacio hatten ebenfalls ihren Anteil daran.

Die Standardisierung der Sprache hat natürlich einen Grund: Die Menschen wollten einander verstehen. Im 19. Jahrhundert wurde Italien ein Nationalstaat – es war wie Deutschland eine verspätete Nation. Ein Nationalstaat braucht eine Nationalsprache. Die Franzosen hatten es vorgemacht und das Französisch der Île de France spätestens seit der französischen Revolution im ganzen Land verbreitet. Politischer Wille also setzte die Standardsprache durch – in Frankreich, in Italien, in Deutschland und in vielen anderen Ländern, vor allem jenen, die im 19. Jahrhundert ihre nationale Erweckung erlebten.

Wir beobachten solche Phänomene der politischen Definition von Sprache noch heute: Serbisch und Kroatisch unterscheiden sich nicht mehr als Schwäbisch und Badisch. Dennoch werden beide nach dem politischen Zerfall Jugoslawiens als eigene Nationalsprachen gepflegt.

Mit Russisch und Ukrainisch verhält es sich nicht anders.

Es ist eine Sache zu wissen, wie eine Standardsprache entstanden ist, und also auch, dass sie nicht richtiger oder falscher ist als andere Varianten. Eine andere Sache ist es, gegen die Regeln der Standardsprache zu verstoßen. Wie John McWorther richtig bemerkt hat, wandelt sich eine Sprache nicht so schnell wie die Wolkengebilde am Himmel. Wir wachen nicht eines Morgens auf und stellen fest, dass Deutsch heute völlig anders gesprochen wird als gestern. Sprachwandel misst sich in Jahrzehnten, in Jahrhunderten und Jahrtausenden. Wer also *heute* gegen die Norm verstößt, fällt auf.

So viele Menschen wie möglich müssen die Bedeutung der Wörter kennen und sorgsam mit ihnen umgehen, um sich so gut wie möglich zu verständigen. Mag also sein, dass auf lange Sicht alles im Fluss ist, auf kurze Sicht müssen wir um die Worte und Sätze ringen.

Weil es um die Klarheit des Gesagten geht, ist der Kampf gegen die Phrasendrescher zu allen Zeiten berechtigt – nicht weil »früher alles besser war«, sondern weil es heute so klar, präzise und verständlich wie möglich sein sollte. Wolfram von Eschenbach schreibt kein besseres Deutsch als Theodor Fontane – aber Theodor Fontane schreibt besseres Deutsch als sein Zeitgenosse, der Bestsellerautor Gustav Freytag. Innerhalb einer Generation lässt sich sehr wohl die Gewandtheit im Umgang mit dem Wort messen – und in gutes oder schlechtes Deutsch scheiden.

Sprachgeschichtlich wäre es nicht ungewöhnlich, wenn sich aus der »Kanaksprak« jugendlicher Migranten in Deutschland eine eigene Sprache entwickelt. »Kanaksprak« ist eine Mischung aus Deutsch, Türkisch, Arabisch und einigen anderen Einsprengseln mit einer reduzierten Grammatik. Auffallendes Merkmal der »Kanaksprak« ist die Reduktion auf wenige Verben und der Wegfall der Artikel (»Ich mach' dich Krankenhaus«, »Ich geh' Aldi«). Die wenigsten Sprachen dieser Welt kennen Artikel, das Russische zum Beispiel ebenso wenig wie Mandarin; in Jingulu, einer Sprache australischer Ureinwohner, gibt es nur die drei Verben »kommen«, »gehen« und »tun«. Sätze werden gebildet aus einer Kombination dieser Verben mit Substantiven.

Was aber sprachgeschichtlich keine Katastrophe ist, stellt für die Betroffenen und die Gesellschaft ein erhebliches Problem da. Ausschließliche »Kanaksprecher« würden von der deutschsprachigen Mehrheit entweder nicht verstanden oder nicht ernst genommen. Sie fänden keine Arbeit und würden sozial ausgegrenzt. Ansätze dazu beobachten wir schon heute. Die Norm *nicht* zu beherrschen, ist also ein Problem.

Linguisten wie der emeritierte Trierer Professor Peter von Polenz fordern, dass man Schülern keine bestimmte Norm der Sprache vorschreiben dürfe, sondern sie lediglich darüber informieren solle, welche Norm in der Gesellschaft gelte. »Die Information über normativ restringierte freie Variationen muss aber nicht mit Strafhandlungen durch Fehleranrechnen verbunden sein«, schrieb er bereits 1973 in einem Aufsatz. Das war reichlich idealistisch gedacht. Die soziale Realität nimmt auf solche Ansichten leider keine Rücksicht.

Der Zwang zur Verständlichkeit verhindere nach Ansicht dieser Denkschule, dass sich eine Sprache zu weit aufsplitte. »Es ist im ureigensten Interesse des Sprechers, verständlich zu reden. Und wenn er merkt, dass er nicht verstanden wird, wird er es eben anders machen«, schreibt dazu der Linguist Hans-Jürgen Heringer. Diese Erwartung widerspricht der Erfahrung. Die Gesellschaft splittet sich auf, weil die Normbrecher von unten wie von oben eben keine Rücksicht auf die allgemeine Verständlichkeit nehmen. Was bei Polenz emanzipatorisch gedacht war – nämlich jeder solle sprechen, wie er es für richtig halte – hat in der Realität das Gegenteil zur Folge: Jene, die die Standardsprache nicht beherrschen, werden ausgeschlossen aus dem öffentlichen Diskurs.

Was die Normbrecher am unteren Ende der Gesellschaft angeht, sind sich fast alle einig. Darum fordern deutsche Politiker (zu Recht) von den Einwanderern in unserem Land, dass sie die deutsche Sprache beherrschen. Aber auch jene stören den öffentlichen Diskurs, die die Standardsprache missbrauchen, um Allgemeinplätze von sich zu geben. Warum verlangt eigentlich niemand von den Phrasendreschern die Integrationsleistung, klares und verständliches Deutsch zu reden?

Aus der Sicht radikaler, nicht wertender Linguisten wären die drei folgenden Passagen gleichwertige sprachliche Äußerungen:

»Gab es Einwände, die man vergessen hatte? Gewiss gab es solche. Die Logik ist zwar unerschütterlich, aber einem Menschen, der leben will, widersteht sie nicht. Wo war der Richter, den er nie gesehen hatte? Wo war das hohe Gericht, bis zu dem er nie gekommen war? Er hob die Hände und spreizte die Finger.«*

»Hallo Biete Hier denn Guten alten TFT Ich hatte nur spiele Gespielt und Videobearbeitung Der TFT Hat gute

* Aus: Franz Kafka: Der Prozess. Frankfurt/M. 1979, S. 194

137

dienste geleistet da Ich mein PC Verkauft hatte steht der TFT Nur Hier rum Also verkaufe ich ihn weiter der Monitor Ist Jetzt 1 Jahr alt Sollte ich die Rechnung Finden Lege ich sie bei Ich kann leider kein Foto machen Aber der TFT Ist Voll TipTop.«*

»Während die Aufgabe des Verständlich-Machens in rhetorischer bzw. rhetorisch-hermeneutischer Perspektive somit auf das ›Zur-Sprache-Bringen‹ dessen, ›was zu sagen‹ ist, gerichtet ist, besteht die Aufgabe in hermeneutischer bzw. hermeneutisch-rhetorischer Perspektive darin, die fremde sprachliche Form verständlich zu machen, d.h. sie auf die in dieser Form (und vielleicht nur in *dieser* Form) sprachlich gedeuteten Aspekte der Wirklichkeit zurückzuführen.«**

Es tut mir leid: Ich kann mich der Meinung radikaler Linguisten nicht anschließen. Es raubt mir Zeit und kostet mich Mühe, den zweiten und den dritten Text zu verstehen. Beide erfüllen eine wichtige Aufgabe nicht: sich mir so mühelos wie möglich verständlich zu machen. Sie sind in dieser Hinsicht gescheitert.

Deshalb ist es sinnvoll, ja emanzipatorisch, für die allgemeine Verständlichkeit der Sprache zu streiten. Es geht nicht darum, ob sich die Hauptsatzstellung nach »weil« durchsetzt oder nicht. Es geht darum, ob wir uns noch alle verstehen.

Das Beispiel des Ebay-Anbieters steht für die Gefahr der Verständnislosigkeit von unten. Gleiches droht von den Eliten. Sie mögen die Norm beherrschen (nicht im-

---

* Anbieter eines Monitors bei Ebay
** Bernd Ulrich Biere: Verständlich-Machen. Tübingen 1989, S. 155

mer tun sie das), aber sie verweigern sich nicht minder der allgemeinen Verständlichkeit.

Über die Sprachlosen vom unteren Ende der Gesellschaft ist viel geklagt worden. Den Großschwätzern unserer wirtschaftlichen, politischen und wissenschaftlichen Elite wird viel zu selten entgegengetreten. Dabei speisen sie einen großen Teil des Volkes mit Phrasen ab und führen es mit Blähdeutsch an der Nase herum.

Ich will mit diesem Buch nicht den Wolkenformationen der deutschen Sprache Einhalt gebieten. Das wäre in der Tat müßig und vergebens. Wohl aber fordere ich im Interesse aller, dass sich diejenigen, die sich der Sprache öffentlich bedienen, bemühen, verstanden zu werden. Und ich will allen Mut machen, die sprachlichen Aufschneider zu enttarnen.

In einem Supermarkt bei mir um die Ecke duftet es aus einer Bäckerei-Ecke herrlich nach Brötchen. Die Brötchen selbst sind vorgefertigte Backlinge, die von den Verkäuferinnen nur in den Ofen geschoben werden. Sie schmecken pampig und fade. Der verführerische Brötchengeruch wird künstlich erzeugt, damit die Kunden der Illusion erliegen, »frische Brötchen aus dem Backofen« zu kaufen. Phrasendeutsch gleicht dem künstlichen Backduft. Es riecht gut, schmeckt aber pampig und fad.

In diesem Sinne stimme ich Kurt Tucholsky zu, der hier das letzte Wort haben soll: »Man kann gewiß nicht alles simpel sagen, aber man kann es einfach sagen. Und tut man es nicht, so ist das ein Zeichen, dass die Denkarbeit noch nicht beendet war. Es gibt nur sehr, sehr wenige Dinge in der Welt, die sich der glasklaren Darstellung entziehen.«

Literatur

Aitchison, Jean: Wörter im Kopf. Eine Einführung in das mentale Lexikon. (Niemeyer) Tübingen 1997.

Ballod, Matthias: Verständliche Wissenschaft. Ein informationsdidaktischer Beitrag zur Verständlichkeitsforschung. (Narr) Tübingen 2001.

Biere, Bernd Ulrich: Verständlich-Machen. Hermeneutische Tradition – Historische Praxis – Sprachtheoretische Begründung. (Niemeyer) Tübingen1989.

Blackall, Eric A.: Die Entwicklung des Deutschen zur Literatursprache 1700–1775. (Metzler) Stuttgart 1966.

Brügelmann, Hans/Balhorn, Heiko (Hrsg.): Das Gehirn, sein Alfabet und andere Geschichten. (Libelle) Lengwil 1990.

Calvin, William H./Ojemann, George A.: Einsicht ins Gehirn. Wie Denken und Sprache entstehen. (Hanser) München 1995.

Eppler, Erhard: Kavalleriepferde beim Hornsignal. Die Krise der Politik im Spiegel der Sprache. (Suhrkamp) Frankfurt am Main 1992.

Gauger, Hans-Martin: Brauchen wir Sprachkritik? (Jonas) Marburg 1985.

Gerhardt, Rudolf/Leyendecker, Hans: Lesebuch für Schreiber. Vom richtigen Umgang mit der Sprache und von der Kunst des Zeitungslesens. (S. Fischer) Frankfurt am Main 2005.

Glück, Helmut/Krämer, Walter: Die Zukunft der deutschen Sprache. Eine Streitschrift. (Klett) Stuttgart 2000.

Häusermann, Jürg: Journalistisches Texten. Sprachliche Grundlagen für professionelles Informieren. (UVK) Konstanz 2005 (2. Aufl.).

Heringer, Hans Jürgen (Hrsg.): Holzfeuer im hölzernen Ofen. Aufsätze zur politischen Sprachkritik. (Narr) Tübingen 1988 (2. Aufl.).

Herrmann, Christoph/Fiebach, Christian: Gehirn & Sprache. (Fischer) Frankfurt am Main 2004.

Klawans, Harold: Die Höhlenfrau, die Sprache und wir. 13 merkwürdige Geschichten über das menschliche Gehirn. (Klett-Cotta) Stuttgart 2005.

Klein, Wolfgang: Textverständlichkeit – Textverstehen; in: Zeitschrift für Literaturwissenschaft und Linguistik, Heft 55, Jhg. 14/1984, S. 7–9.

Kraus, Karl: Die Sprache. (Suhrkamp) Frankfurt am Main 1987.

Langer, Inghard/Schulz von Thun, Friedemann/Tausch, Reinhard: Sich verständlich ausdrücken. (Reinhardt) München 2002 (7. Aufl.).

Leibniz, Gottfried Wilhelm: Unvorgreifliche Gedanken, betreffend die Ausübung und Verbesserung der deutschen Sprache. (Reclam) Stuttgart 1983.

McWhorter, John H.: The Power of Babel. A Natural History of Language. (Heinemann) London 2002.

Miller, George A.: Wörter. Streifzüge durch die Psycholinguistik. (Spektrum) Heidelberg 1993.

Pinker, Steven: Wörter und Regeln. Die Natur der Sprache. (Voltmedia) Paderborn 2006.

Polenz, Peter von: Sprachgeschichte und Sprachkritik. (Edition Argus) Schliengen 2000.

Popper, Karl R.: Auf der Suche nach einer besseren Welt. (Piper) München 1984.

Reiners, Ludwig: Stilfibel. (dtv) München 2003 (33. Aufl.).

Reiter, Markus: Sag mir, was die Worte heißen. In: Stuttgarter Zeitung vom 11. Februar 2006, S. 49.

Reiter, Markus/Sommer, Steffen: Perfekt schreiben. (Hanser) München 2006.

Reus, Günter: Ressort: Feuilleton. Kulturjournalismus für Massenmedien. (UVK) Konstanz 1999 (2. Aufl.).

Rico, Gabriele L.: Garantiert schreiben lernen. (Rowohlt) Hamburg 2004.

Sanders, Willy: Was die Wörter uns verraten. Kleine Geschichten rund um die Sprache (Beck) München 2000.

Schneider, Wolf: Deutsch fürs Leben. Was die Schule zu lehren vergaß. (Rowohlt) Reinbek 1994.

Schneider, Wolf: Wörter machen Leute. Magie und Macht der Sprache. (Piper) München 2004 (11. Aufl.).

Schopenhauer, Arthur: Über die, seit einigen Jahren, methodisch betriebene Verhunzung der Deutschen Sprache. (herausgegeben von Ludger Lütkehaus) (Kore) Freiburg i. Brsg. 1997.

Sick, Bastian: Der Dativ ist dem Genetiv sein Tod (Folgen 1 bis 3). (Kiepenheuer & Witsch) Köln 2004–2006.

Skasa-Weiß, Ruprecht: Fünf Minuten Deutsch. Modischer Murks in der Sprache. (Klett Cotta) Stuttgart 2006.

Spitzer, Manfred: Vorsicht Bildschirm! Elektronische Medien, Gehirnentwicklung, Gesundheit und Gesellschaft. (dtv) Frankfurt am Main 2006.

Springer, Sally P./Deutsch, Georg: Linkes Rechtes Gehirn. (Spektrum) Heidelberg/Berlin 1998 (4. Aufl.).

Stiftung Lesen: Gutenbergs Folgen. Von der Medienrevolution zur Wissensgesellschaft. (Nomos) Baden-Baden 2002.

Tucholsky, Kurt: Sprache ist eine Waffe. Sprachglossen. (Rowohlt) Reinbek 2004 (10. Aufl.).

Willenberg, Heiner: Lesen und Lernen. Eine Einführung in die Neuropsychologie des Textverstehens. (Spektrum) Heidelberg 1999.

Zimmer, Dieter E.: Deutsch und anders – die Sprache im Modernisierungsfieber. (Rowohlt) Reinbek 2004 (4. Aufl.).

Zimmer, Dieter E.: Sprache in Zeiten ihrer Unverbesserlichkeit. (Hoffmann und Campe) Hamburg 2000.

Zimmermann, Günther: Wissensmanagement – und die Sprache? In: Wissensmanagement, Heft 3/2006.